Franz-Xaver Kaufmann

Kirchenkrise

Franz-Xaver Kaufmann

Kirchenkrise

Wie überlebt das Christentum?

HERDER

FREIBURG · BASEL · WIEN

Vierte durchgesehene und erweiterte Auflage der 2000
in zwei Auflagen unter dem Titel „Wie überlebt das Christentum?"
erschienenen Ausgabe.

© Verlag Herder GmbH, Freiburg im Breisgau 2011
Alle Rechte vorbehalten
www.herder.de

Umschlaggestaltung: Finken & Bumiller, Stuttgart
Umschlagfoto: © Sabse.Photographie / photocase.com

Satz: Barbara Herrmann, Freiburg
Herstellung: CPI Moravia Books, Pohorelice

Gedruckt auf umweltfreundlichem, chlorfrei gebleichtem Papier
Printed in Czech Republik
ISBN 978-3-451-32384-3

Inhalt

Vorwort

Im Rückblick auf das 20. Jahrhundert können wir einen langfristigen Bedeutungsverlust der christlichen Konfessionen für die Lebensführung der europäischen Bevölkerungen erkennen. Insbesondere in den letzten Jahrzehnten steigt – zumal in Deutschland – der Anteil der Konfessionslosen an der Bevölkerung, und zwar vor allem unter den Männern, den Jüngeren, den Gebildeteren und den unter großstädtischen Verhältnissen Lebenden. Aber auch bei den Kirchenangehörigen nimmt die Kirchenbindung und die christliche Gläubigkeit dramatisch ab.

Ist dies ein Zeichen für das Veralten des Christentums, dem zwar die Modernisierung Europas wesentliche Voraussetzungen verdankt, das aber – wie schon Max Weber diagnostizierte – unter den Bedingungen der Moderne notwendigerweise seine Potenz verliert? Gibt es in der Modernisierung Faktoren, die einer Fortsetzung christlicher Traditionen in spezifischer Weise entgegenstehen? Oder kann es ein ‚modernitätsresistentes Christentum‘ geben?

Seit diese Schrift in erster und zweiter Auflage vor zehn Jahren veröffentlicht wurde, hat sich die Situation weiter zugespitzt, insbesondere für die römisch-katholische Kirche. Das 27 Jahre währende Pontifikat des charismatischen Johannes Paul II. hatte im Horizont des II. Vatikanischen Konzils der katholischen Kirche ein seit der Reformation wohl einmaliges weltweites Ansehen verschafft. Die katholische Kirche bzw. ihr Oberhaupt erschienen mehr und mehr als eine moralische Weltautorität. Die Kehrseite dieser Charismatisierung der Person des Papstes war eine Vernachlässigung oder Verdrängung vieler interner Probleme der Kirche, nicht zuletzt hinsichtlich der Leitungsstrukturen der Kirche. Im bisherigen Pontifikat Benedikts XVI. hat sich das in mindestens drei Problemkreisen manifestiert: (1) Der Vertuschung pädophiler Praktiken von Klerikern; (2) Dem Umgang mit den Dissidenten, die wesentliche Ergebnisse des II. Vatikanischen Konzils ablehnen, und (3) dem Verhältnis zu den übrigen Weltreligionen, das mit der zunehmenden Globalisierung immer drängender wird.

Auch wenn die leitende Fragestellung dieser Schrift sowohl historisch als auch soziologisch über den Bereich der katholischen Kirche hinausgreift, habe ich mich auf Anregung des Verlages entschlossen, diese Neuauflage um ein Kapitel zur aktuellen Situation dieser für das Christentum nach wie vor zentralen Institution zu ergänzen. Dabei geht es mir nicht um die Kommentierung der Aktualität, die ja schnell wieder veralten wird, sondern um eine Analyse der den aktuellen Problemen zugrunde liegenden Struktur- und Kognitionsprobleme innerhalb der katholischen Kirche. Es gibt – das ist die spezifisch wissenssoziologische Perspektive – einen Zusammenhang zwischen der Rigidität der Strukturen und der Verengung der Weltwahrnehmung in der gegenwärtigen katholischen Kirche. Dies wird immer deutlicher, je mehr sich die Welt von ihren frühmodernen Grundlagen in Europa entfernt. War gegenüber einer aggressiven und häufig antikatholischen Aufklärung die Abschottung und der Aufbau einer „katholischen Parallelgesellschaft" noch eine produktive Antwort, fördert das Festhalten an einer Strategie zentralistischer Vereinheitlichung und Kontrolle den zunehmenden Verlust an Glaubwürdigkeit und Gläubigen.

Mein eigenes Interesse an religionssoziologischen Fragestellungen, insbesondere solchen der römisch-katholischen Kirche, hat nicht nur fachliche, sondern auch biographische

Hintergründe. Mein Großvater war einer der ersten Katholiken, der sich in Zürich als Arzt niederließ; mein Vater wurde ein politischer Sprecher der Zürcher Katholiken; meine Mutter stammte aus dem katholischen Westfalen, wuchs aber in der Berliner Diaspora auf. Drei Onkel und ein Bruder waren Priester. Eine Tante war Nonne, und ihre persönliche Ausstrahlung war wie ein Abglanz des Himmels. Dennoch – oder auch deswegen – war ich als Heranwachsender schockiert, als ich meinen Vater im Kniefall vor einem Bischof sah. Und bis heute leuchtet mir nicht ein, weshalb ich den Papst mit „Heiliger Vater" anreden soll, obwohl der biblische Jesus beide Titel *Seinem* Vater vorbehalten hat.

Das Zusammenleben mit Andersdenkenden, ohne doch den eigenen Standpunkt aufzugeben, wurde mir als Katholik schon durch das Aufwachsen in der Diaspora-Situation der Zwingli-Stadt selbstverständlich. Ich lernte früh, die Perspektiven zu wechseln, und dies ist für eine soziologische Betrachtungsweise religiöser Phänomene unerlässlich. Die Distanz der Soziologie zu den Phänomenen der Religion ist konstitutionell größer als diejenige der Theologie. Während jede Theologie, die diesen Namen verdient, im Horizont eines bestimmten religiösen Glaubens steht, den sie – sofern sie sich als Wissenschaft versteht – gleichzeitig reflektiert und auslegt, sucht die soziologische Betrachtungsweise Glaubenshorizonte zu vermeiden. Sie steht in der Tradition der neuzeitlichen Wissenschaft, welche unter dem Anspruch angetreten ist, die Welt zu denken, *„etsi non daretur Deus"*, als ob es Gott nicht gäbe. Ob unsere Kultur im Begriffe steht, diesen konditionalen Satz in einen affirmativen – „da es Gott nicht gibt" – umzudefinieren, steht im Hintergrund der Fragen dieser Schrift.

Der gläubige Soziologe muss somit einen Spagat aushalten, wenn er sich mit religiösen Phänomenen befasst; doch dieser Spagat kann auch produktiv sein. Sein Glaube bewahrt ihn davor, in den historischen und gesellschaftlichen Kräften allein das Bewegende des Christentums zu sehen. Es ist und bleibt die Botschaft Jesu selbst, die in ihren sich wandelnden geschichtlichen Vermittlungen Menschen ergreift und Regenerationen ermöglicht. Ein ähnlicher Spagat ist heute den in ihren Kirchen Verantwortlichen zuzumuten: Sie neigen dazu, die historische und soziale Bedingtheit der Christentumsgeschichte nicht ernst genug zu nehmen und sich – legitimiert durch ein Glaubensverständnis, für das das Wesentliche unsichtbar bleibt (Hebr. 11.1) – gegen den Wandel der Kontexte der Glaubensverkündigung zu immunisieren. Beim heute erreichten Grad an Weltkomplexität kann nur ein multiperspektivisches Denken, eine „transversale Vernunft" (Wolfgang Welsch) den Verhältnissen in etwa gerecht werden.

Der ursprüngliche Text dieser Schrift ist im Zusammenhang mit den Guardini-Lectures entstanden, die ich im Mai 1999 an der Humboldt-Universität zu Berlin halten durfte. Er wurde für diese Neuauflage erweitert und stellenweise überarbeitet. Das neu geschriebene sechste Kapitel fasst meine kirchenbezogenen Einsichten des vergangenen Jahrzehnts zusammen. Ich versuche, dies wiederum in der Form soziologisch fundierter Beobachtungen zu tun, doch wird der Nachhall persönlicher Erschütterungen nicht ganz zu vermeiden sein.

Bonn, im Oktober 2010   *Franz-Xaver Kaufmann*

I. Traditionsabbruch

Wenn man die Entwicklung der konfessionellen und zumal der kirchlichen Verhältnisse Westeuropas um die Wende zum dritten Jahrtausend nach Christus betrachtet, so drängt sich der Eindruck eines langfristigen Trends auf, der jedoch unterschiedlich gedeutet wurde und gedeutet wird. Am Geschäft dieser Deutung haben sich verständlicherweise die Vertreter der Kirchen am stärksten beteiligt, und hier vor allem die Universitäts-Theologen. Denn es charakterisiert diese Zeit ja auch, dass den Wissenschaften ein zunehmendes Gewicht hinsichtlich der öffentlichen Daseinsdeutungen zugewachsen ist.

Der Langfrist-Trend, den die Betrachtung der religiösen Verhältnisse in Westeuropa, den Kernländern der abendländischen Christenheit, suggeriert, wird – vor allem in der evangelischen Theologie – gerne als *Säkularisierung* bezeichnet. Das stellt aus meiner Sicht der Dinge eine Verharmlosung der tatsächlichen Entwicklung dar, die wir in den letzten Jahrzehnten beobachten können. Der Begriff der Säkularisierung beinhaltet eine Verselbständigung und thematische Reinigung des religiösen Bereichs, bei gleichzeitiger Freisetzung der übrigen Gesellschaftsbereiche vom Kontrollanspruch der kirchlich verfassten Religion (vgl. Kapitel IV). Zum mindesten in Deutschland ist jedoch heute ein eklatanter *Abbruch religiöser Traditionen in beiden Konfessionen* zu beobachten, der auch die Existenz der Kirchen in ihrer bisherigen Verfassung bedroht.[1]

Einige statistische Hinweise mögen dies einleitend verdeutlichen. Der unmittelbarste Indikator ist die *wachsende Konfessionslosigkeit.* Der sprunghafte Anstieg der Gemeinschaftslosen und derjenigen, welche eine Angabe zu ihrer Religionszugehörigkeit verweigert haben, vollzog sich zwischen 1970 und 1987 von 3,9 auf 10 %. Dabei konzentrieren sich die Gemeinschaftslosen auf die großen Städte, insbesondere Norddeutschlands: In Hamburg bezeichneten sich 1987 34 %, in West-Berlin 29 % der Bevölkerung als konfessionslos oder verweigerten die Angabe zur Religionszugehörigkeit. Der Großteil dieses Zuwachses resultierte aus Kirchenaustritten, insbesondere aus der evangelischen Kirche, und es waren vor allem Personen männlichen Geschlechts unter 50 Jahren, die aus ihrer Kirche ausgetreten sind. Auffällig ist auch, dass es sich überwiegend um Personen mit höherer Schulbildung handelt: So betrug 1987 der Anteil der Konfesssionslosen an den männlichen Hochschulabsolventen zwischen 20 und 64 Jahren 21 %, an den Hauptschülern 11 %; bei den Frauen waren es 16 bzw. 7 %. Diese Zahlen zeigen auch, dass, wenn man die jugendlichen und die älteren Personen ausklammert, der Anteil der Konfessionslosen auch in der Bevölkerung der alten Bundesländer bereits 1987 sehr substantiell war.[2] Zweifellos hat sich die Zunahme der Konfessionslosigkeit in den alten Bundesländern auch seither fortgesetzt: Insbesondere in den Jahren nach der Vereinigung gab es eine regelrechte Kirchenaustrittswelle in Ost und West, zu der dieses Mal auch die Katholiken erheblich beitrugen. Von 1990 bis 2008 sind „2 471 752 Menschen aus der katholischen Kirche ausgetreten, bei 161 134 Wiederaufnahmen und 77 710 Eintritten": im gleichen Zeitraum „haben 3,8 Millionen Menschen die evangelische Kirche verlassen."[3] Die jüngste Vertrauenskrise, welche durch das Öffentlich-Werden eines erheblichen, durch Kleriker verübten sexuellen Missbrauchs von Kindern und Jugendlichen ausgelöst wurde, hat zu einem sprunghaften Anstieg der Kirchenaustritte geführt, vor allem unter Katholiken.[4]

14

Betrachten wir die neuen Bundesländer, so bilden dort die Konfessionslosen – oder wie sie sich vielleicht selbst bezeichnen würden, die Konfessionsfreien – heute rund 70 % der Bevölkerung. Das Christentum ist in den neuen Bundesländern somit zu einem – zudem stark überalterten – Minderheitenphänomen von knapp 25 % Protestanten und 5 % Katholiken geworden. Etwa die Hälfte der 70 % Konfessionslosen hat diese Zuordnung bereits von ihren Eltern übernommen, und so scheint die Konfessionslosigkeit zum Familienerbe zu werden, was sich auch darin äußert, dass hier Kircheneintritte von Konfessionslosen weit seltener als im Westen stattfinden.[5]

Michael N. Ebertz hat in einer sehr detaillierten Analyse neuerer Umfragedaten gezeigt, wie sehr auch unter den konfessionell Gebundenen, ja sogar unter den kirchennahen und kirchlich aktiven Christen sich die religiöse Orientierung vervielfältigt und die Verbundenheit mit der jeweiligen kirchlichen Tradition gelockert hat. Zunehmend scheinen es selbst innerhalb der kirchlichen Aktivitäten eher die auch im profanen Bereich angebotenen Aktivitäten der Caritas und der Freizeitgestaltung zu sein, welche unter den Kirchenmitgliedern Anklang finden. Und für die jüngeren Generationen stellt er fest: „Die persönliche Religiosität wird ... immer weniger noch als christliche verstanden, löst sich also nicht nur aus traditionalen kirchlichen Bindungen, Glaubensvorstellungen und -praktiken, sondern sieht sich immer weniger auch in einem ‚überkonfessionellen christlichen Traditionsstrom' verankert. Unterdurchschnittlich ist bei ihnen auch die Existenzdeutung ausgeprägt, „mit Hilfe des Glaubens ein sinnvolles Leben zu führen" und im Leben „den Willen Gottes zu erfüllen, um am Ende die ewige Seligkeit zu erlangen." Persönlichkeitsentwicklung, viel Freude im Leben zu haben und Lebensgenuss als Lebenszweck gewinnen zwar auch in der Gesamtbevölkerung und unter älteren Menschen, selbst unter kirchennahen Christen, an Bedeutung, erreichen aber die höchsten Stellenwerte insbesondere in der Generation der heute unter 29-jährigen."[6] Für die katholische Kirche im besonderen, deren Mitglieder sich in der Vergangenheit diesen Erosionstendenzen gegenüber als resistenter erwiesen hatten, diagnostiziert Ebertz heute einen akuten Nachwuchsmangel und eine zunehmende Vergreisung des Klerus sowie dessen sinkende persönliche Lebenszufriedenheit und Berufsmotivation[7].

In einer differenzierten Studie konnte zudem der enge Zusammenhang zwischen dem Rückgang der Gottesdienstbeteiligung und den Glaubensorientierungen gezeigt werden: „Das Beziehungsmuster ist über alle von uns untersuchten Länder erstaunlich stabil. … Die abnehmende Kirchgangshäufigkeit indiziert … zugleich auch den Verfall zentraler christlicher Glaubensinhalte." Insbesondere für die Katholiken zeigt diese Studie einen dramatischen Rückgang des Anteils „katholischer Kernmitglieder"; für Belgien und Deutschland stellen die Autoren fest: „Innerhalb von zwanzig Jahren hat sich der Prozentsatz mehr als halbiert."[8]

Die verfügbaren Befunde deuten nicht nur auf einen allgemeinen Rückgang von Kirchenbindung und christlicher Gläubigkeit hin, sondern auf einen ganz spezifischen Zusammenhang mit modernisierenden Lebensbedingungen. Konfessionslosigkeit nimmt überdurchschnittlich unter den Gebildeten und unter großstädtischen Verhältnissen zu. Einigermaßen intakte konfessionelle Milieus existieren überwiegend in ökonomisch zurückgebliebenen Regionen. Überhaupt scheint Kirchlichkeit stark mit traditionalen Faktoren zu korrelieren. Insbesondere aber deutet die starke Altersabhängigkeit der Kirchenbindung bzw. Entkirchlichung darauf hin, dass hier Faktoren am Werke sind, welche auch für die Zukunft eine Fortsetzung des diagnostizierten Trends erwarten lassen. Die Unkirchlichen leben weithin „religionsabstinent"; soweit sich alternative Religiositätsmuster nachweisen lassen, finden sie sich bei den Kirchenverbundenen, welche somit traditionelle und alternative Religiositätsmuster (z. B. Esoterik, Praktiken aus anderen Weltreligionen) kombinieren.[9]

Nicht nur die Kirchenbindung, auch das Vertrauen in die Kirchen hat stark gelitten, wenigstens in Deutschland. In einer Umfrage des Gallup-Instituts für das *World Economic Forum* (2003) ergab sich, dass „religiösen Gruppen und Kirchen" in Deutschland das geringste Vertrauen von allen erfragten Institutionen genießen.[10] Eine vergleichbare Studie von Mc Kinsey (2003) fragte genauer nach „Evangelischer" und „Katholischer Kirche" in Deutschland, und die Ergebnisse beider Untersuchungen konvergieren, wobei die katholische Kirche schlechter abschneidet. Das bedenklichste Ergebnis ist die weitgehende Irrelevanz der Kirchen: Man hat wenig Vertrauen zu ihnen *und* man sieht geringen Reformbedarf; das heißt sie sind der Mehrheit im Vergleich zu den anderen Institutionen *gleichgültig*, und das gilt am stärksten für die katholische Kirche.[11]

Deshalb lautet die Leitfrage der folgenden Überlegungen: Wie überlebt das Christentum die Moderne? Gibt es in dem, was wir gemeinhin als ‚Modernisierung' bezeichnen, Faktoren, welche der Fortsetzung christlicher Traditionen in spezifischer Weise entgegenstehen, oder handelt es sich um ein eher zufälliges Zusammentreffen von Umständen, die möglicherweise auch durch die Spezifika der deutschen Geschichte bedingt sind? Immerhin ist ja in den Vereinigten Staaten, dem Ursprungs- und Vorreiterland der Moderne, eine vergleichbare Erosion des Kirchlichen anscheinend nicht zu beobachten. Kann es so etwas wie ein ‚modernitätsresistentes Christentum' geben? Oder ist das Christentum nur in einer Übergangsphase der Enttraditionalisierung und des Übergangs zur Moderne hilfreich, wodurch sich der starke Erfolg kirchlicher Mission heute in Ländern wie Korea erklären ließe? Erinnern wir uns der Parolen insbesondere der französischen Aufklärung, welche ein baldiges Absterben der christlichen Religion prognostizierte, aber auch der Diagnosen Friedrich Nietzsches zur Gotteskrise und Max Webers zum Macht- und Einflussverlust der christlichen Religion in der Moderne. Vollzieht sich vielleicht alles so, wie es die frühen Diagnostiker der Moderne vermutet haben, nur mit einer weit größeren Zeitverzögerung? Oder inwiefern ist ein solches lineares Denkmodell trotz der beobachtbaren Trends zu modifizieren? Hält auch die Zukunft religiöse Renaissancen bereit, wie sie in der abendländischen Geschichte ja wiederholt aufgetreten sind?

Diese Fragen werden im katholischen Raum durch die aktuelle ‚Kirchenkrise‘ verschärft. Diese Neuauflage wird deshalb durch spezifischere Analysen zur katholischen Kirche ergänzt und bekommt in diesem Zusammenhang auch eine neue Stoßrichtung. Denn es wird sich zeigen, dass die aktuelle Kirchenkrise nicht zuletzt mit der Weigerung der kirchlichen Führungsspitze zusammenhängt, die Geschichtlichkeit der eigenen Institution und damit deren Veränderbarkeit ernst zu nehmen. Deshalb ist dieser Versuch, das historische Bewusstsein unter den Christen zu stärken, auch als kritischer Beitrag zu seiner Verdrängung in den Selbstbeschreibungen der römisch-katholischen Kirche zu lesen.

Der Soziologe ist weder Prophet noch Zukunftsforscher, und nur selten haben sich komplexe Prognosen bewahrheitet. Das Schwergewicht der folgenden Argumentationen liegt deshalb auf der Vergangenheit, nicht auf der Zukunft. Wir fragen zunächst: *Wie ist es zum historischen Erfolg des Christentums gekommen, und warum hat es die vergangenen zwei Jahrtausende überlebt?* Es gibt deutliche Hinweise darauf, dass reli-

18

giösen Faktoren mit zu den langfristig wirksamsten der Gesellschaftsentwicklung gehören und deshalb auch nur in einer Langfrist-Perspektive angemessen verstanden werden können.[12] Die Zukunft des Christentums ist auch aus weltlicher Sicht keineswegs schicksalsmäßig vorgegeben, sondern als Ergebnis menschlicher Handlungen und institutioneller Entwicklungen zu verstehen, zu denen die in der jeweiligen Gegenwart lebenden Generationen im Horizont ihrer Vergangenheit beitragen. Wer Zukunft sucht, sollte sich seiner Vergangenheit vergewissern.

Im folgenden möchte ich in einem ersten Schritt auf die Entstehung und Ausbreitung des alten Christentums zu sprechen kommen. (Kapitel II) *Was lässt sich aus soziologischer Sicht zur Erklärung des historischen Erfolgs des Christentums in der Antike sagen?* Dieser Aufstieg von der Gefolgschaft eines jüdischen Wander-Rabbi zur Staatsreligion des Römerreichs erscheint ja auf den ersten Blick als eine höchst unwahrscheinliche Entwicklung. Was war es, das dem Christentum solchen Erfolg verschaffte? Wir werden im Bedenken dieser Fragen hoffentlich auch zu einem klareren Begriff dessen kommen, was hier unter Christentum und Christentumsgeschichte verstanden wird.

In einem zweiten Schritt sei nach dem *Beitrag des Christentums zur Entstehung der Moderne* gefragt. (Kapitel III) Zwar gibt es Autoren wie Hans Blumenberg, die einen konstitutiven Beitrag des Christentums für die Entstehung der Neuzeit verneinen, aber es spricht doch vieles dafür, dass der zuerst von Max Weber so genannte abendländische Sonderweg eng mit der spezifischen Verfassung des okzidentalen Christentums zusammenhängt. Damit richtet sich unser Blick allerdings schon nicht mehr auf das Christentum im ganzen, sondern auf dessen weltgeschichtlich erfolgreichste Inkulturationsform, auf das lateinische Christentum, dessen

Grenzen in diesem Zusammenhang ebenfalls zu bedenken sind.

Das vierte Kapitel betrifft unsere unmittelbare Vergangenheit, die so genannte Neuzeit. *Wie hat sich das Christentum im Zuge der neuzeitlichen europäischen Gesellschaftsentwicklung verändert?* Der Erfolg des Christentums erscheint in dieser Epoche eng an die Genese und den Erfolg des Nationalstaates gebunden, und selbst die katholische Kirche hat ihr eigenes Selbstverständnis in Auseinandersetzung mit dem staatlichen Modell entwickelt.

Was bis vor kurzem als der Inbegriff der modernen Gesellschaft galt, ist jedoch in den letzten drei Jahrzehnten zunehmend von der Entwicklung neuer, noch weiträumigerer Zusammenhänge überformt worden, für die sich der Begriff der Globalisierung eingebürgert hat. Etwa parallel dazu haben sich auch im Bereich der Lebenswelt der europäischen Zeitgenossen nachhaltige Veränderungen ereignet, welche heute vielfach unter dem Schlagwort der ‚Individualisierung‘ zur Sprache gebracht werden. Schließlich wandeln sich auch die kulturellen Auffassungen nachhaltig in Richtung auf die bewusste Annahme unterschiedlicher Wirklichkeitsdeutungen und Lebenssichten, ein Trend, der oft mit dem Begriff der ‚Postmoderne‘ bezeichnet wird. Anscheinend verändern sich die gesellschaftlichen Integrationsmechanismen in jüngster Zeit nachhaltig, wie auch die immer wieder gestellte Frage „Was hält die Gesellschaft heute zusammen?“ zeigt. Offensichtlich ist das nicht mehr die christliche Religion, welche ein wichtiger Integrationsfaktor noch der nationalstaatlichen Ära war. Mit dem Versuch, diese *neuartige Situation menschlichen Zusammenlebens und ihrer Konsequenzen für die Fragen von Religion und Christentum* zu bedenken, werden unsere Überlegungen im fünften und spezifischer für die katholische Kirche im sechsten Kapitel schließen.

II. Wie kam es zum historischen Erfolg des Christentums in der Antike?

Diese Frage ist zuerst von dem evangelischen Theologen Adolf von Harnack untersucht[13] und seither aus verschiedenen Perspektiven erörtert worden. Ich möchte ihre Beantwortung durch drei Teilfragen strukturieren, welche gleichzeitig auf unterschiedliche Phasen der Christentumsgeschichte verweisen:

Wie lässt sich die Konstituierung und der Erfolg der Jerusalemer Urgemeinde verstehen? Und in welcher Form kam die Ausbreitung der christlichen Botschaft in Gang? Wir beschäftigen uns hier mit Ereignissen, die in die ersten beiden Jahrzehnte nach der Tötung von Jesus aus Nazareth fallen.

Wie lässt sich die rasche Ausbreitung des Christentums in weiten Teilen des Römerreichs erklären? Wir beschäftigen uns hier – grob gesagt – mit der Zeit zwischen 50 und 200 n. Chr.

Wie lässt sich der politische Erfolg des seinen Intentionen nach so unpolitischen Christentums im Rahmen des Römischen Reichs plausibel machen? Hierbei ist im wesentlichen vom dritten und vierten Jahrhundert die Rede.

Diese Periodisierung stimmt nicht mit gängigen Periodisierungen der Christentumsgeschichte überein, die im übrigen ohnehin recht umstritten sind. Denn die Quellenlage ist höchst unvollständig, allerdings im Vergleich zu anderen Bereichen des antiken und zumal des religiösen Lebens doch recht reichhaltig. Und sie wird mit den gerade in den letzten Jahrzehnten sehr erheblichen Entdeckungen der jüdischen und christlichen Archäologie noch umfangreicher, allerdings nicht immer übersichtlicher.

An erster Stelle der Quellen stehen natürlich die uns im Neuen Testament überlieferten Zeugnisse der frühen Christen. Aber für die Behandlung unseres Themas sind auch die über die exegetischen Befunde hinausführenden Quellen von entscheidender Bedeutung. Denn *aus soziologischer Sicht kann die Geschichte des Christentums wie diejenige eines jeden sozialen Makrophänomens nur als Wechselwirkung zwischen seiner endogenen Dynamik und den exogenen Bedingungen seiner Entwicklung verstanden werden.*

Die soziologische Perspektive neigt sogar dazu, diesen äußeren Bedingungen Priorität bei der Erklärung einzuräumen; gerade darin liegt ihre spezifische Differenz zum Selbstverständnis der von ihr beobachteten und gedeuteten Makrophänomene, hier also zum kirchlichen Selbstverständnis und zur theologischen Perspektive. Solch eine deterministische Sicht würde allerdings zu einem Soziologismus führen, der ebenso einseitig erscheint wie eine ausschließlich kirchliche Betrachtungsweise. Will man die Entwicklung verstehen, so muss man die Blickrichtung stets erneut wechseln, um die Binnenperspektive der christlichen Traditionen mit den humanwissenschaftlichen Außenperspektiven im Hinblick auf eine die konfessionellen Traditionen übergreifende Christentumsgeschichte zu vermitteln. Die Geschichte des Christentums ist ein konstitutives Moment der europäischen Gesellschaftsgeschichte und sollte als solche verstanden werden.[14]

Die bisherige Geschichte des Christentums ist ganz überwiegend als *Kirchengeschichte* geschrieben worden, d. h. die Auswahl der zu berücksichtigenden Fakten und das Arrangement der Erklärungen orientieren sich am theologischen Selbstverständnis der jeweiligen christlichen Tradition, der sich ein Autor konfessionell zurechnet. Das gilt ganz selbstverständlich für die ältere Historiographie, aber es färbt auch auf die sich bereits als quellenkritisch verstehende neuere Kirchengeschichte ab. Die katholische Kirchengeschichtsschreibung ist romzentriert, die Geschichtsschreibung der übrigen

Konfessionen lenkt ihre Aufmerksamkeit dagegen auf Befunde, welche dem römischen Selbstverständnis entgegenstehen. Die Lückenhaftigkeit der Befunde mit Bezug auf die jeweils interessierenden Fragen führt zudem zwangsläufig zu Interpolationen und Spekulationen des jeweiligen Autors, die natürlich von seinem Erkenntnisinteresse und seinem Vorverständnis geleitet werden.

Dem gegenüber wird hier das im vorangehenden angedeutete multiperspektivische Verfahren durchzuhalten gesucht, das ja auch den Signaturen unserer Gegenwartskultur entspricht. Angesichts der Breite des Themas und der für einen Fachfremden unüberschaubaren Vielfalt der Quellen, der Befunde und ihrer Deutungen bleibt jedoch die materiale Darstellung der Entwicklungen unvermeidlich allzu knapp, damit auch gelegentlich einseitig und in vielfacher Hinsicht verbesserungsfähig.[15]

1. Zur Entstehung der Urgemeinde

Wo kamen Jesus und seine Jünger her? Aus Galiläa, dem von Jerusalem mehrere Tagereisen entfernten, abgelegensten Teil des jüdischen Gebirgslandes. Seine Anhängerschaft dort dürfte sich im wesentlichen aus den untersten sozialen Schichten rekrutiert haben, und das gilt insbesondere für den engsten Jüngerkreis: Die Fischer unter ihnen, also vor allem Petrus, waren möglicherweise Analphabeten. Falls auch der lukanischen Kindheitsgeschichte ein historischer Kern eigen sein sollte, so ließe sich schließen, dass Joseph in der Umgebung von Bethlehem Boden besaß und deshalb zum Steuerzensus dort persönlich zu erscheinen hatte. Dass er auch seine hochschwangere Frau Maria auf die beschwerliche Reise mitnahm, deutet darauf hin, dass auch sie Landeigentümerin gewesen ist und dort zu erscheinen hatte.[16] Möglicherweise befand sich die Geburtsstätte Jesu auf dem Grund und Boden seiner Eltern, was auch die spontane Zuwendung der Hirten zu dem Neugeborenen erklären würde.

Die Jugend Jesu fiel in eine überaus unruhige Zeit, in der sich das religiöse Judentum gegen hellenistische Überfremdungstendenzen zu behaupten hatte und in mehrere Parteien zerfiel, unter denen die auf Wahrung der Tradition bedachten Pharisäer und die den Hellenisierungstendenzen wie auch der römischen Besatzungsmacht gegenüber liberaleren Sadduzäer die wichtigsten waren. Aber das einfache Volk, unter dem Jesus im wesentlichen seine Anhänger fand, galt beiden Parteien als minderwertig, und die Galiläer waren dem orthodoxen Judentum in Judäa ohnehin suspekt. Als Jesus mit seinen Anhängern – nach Johannes zum dritten Mal, bei den Synoptikern überhaupt nur einmal – nach Jerusalem kam, richtete er im Tempelvorhof einen Krawall an, weil er versuchte, die dort etablierten Händler zu vertreiben. Er forderte zudem die herrschende Orthodoxie durch seine Lehre sowie durch die Handlungen seiner Jünger heraus und gewann zweifellos Anhänger auch in den höheren Schichten der Bevölkerung. Schließlich beschloss das Synedrion, die geistliche Behörde des Judentums, ihn zu beseitigen. Nach seiner Gefangennahme klagten sie ihn bei dem sonst in Cäsarea residierenden, jedoch gerade in Jerusalem anwesenden römischen Prokurator Pontius Pilatus an, der Jesus schließlich zum Tode durch Kreuzigung verurteilte.

Nach allgemeiner menschlicher Erfahrung wäre die Angelegenheit damit erledigt gewesen. Als selbsternannter Prophet, ja selbst als Messias stand Jesus, soviel zeigen selbst die spärlichen Quellen, damals keineswegs allein und seine „Sache" hätte, wie in vergleichbaren Fällen, mit seiner Tötung zu Ende sein können. Die Auflösung und Zerstreuung der

Anhängerschaft, die – unter Gesichtspunkten sozialer Gesetzmäßigkeit betrachtet – kaum eine dauerhafte Selbstbehauptung als Gruppe erwarten ließ, wäre nichts Unnormales gewesen. Und wenn schon ein Kreis besonders treuer Jünger nach dem Tode Jesu zusammenblieb, so bleibt es doch weitgehend unerklärlich, weshalb diese eine religiös-soziale Bewegung ins Leben rufen konnten, die sich dauerhaft behauptete und sogar sich in kürzester Zeit in der römischen Provinz Syrien ausbreitete. Wie lässt sich dieses Phänomen – ohne Rekurs auf göttliches Einwirken – verständlich machen?

Der Soziologe Michael Ebertz hat einen solchen Versuch unter Heranziehung der Charisma-Theorie von Max Weber unternommen.[17] Ich kann seine weitausholende Argumentation hier nur knapp resümieren: Die sozialen Voraussetzungen habe ich bereits erwähnt. Ebertz führt den Erfolg der Jesus-Bewegung, deren „Jüngerkreis sich ausschließlich aus Angehörigen der marginalisierten jüdischen Bevölkerung Galiläas zusammensetzte, und dieser ja auch von außen eindeutig zugeordnet wurde," darauf zurück, dass sie sich der drohenden „sozio-kulturellen Überfremdung durch die ‚Heiden' hier und einer sozio-religiösen Diskriminierung durch das jüdische Zentrum dort" entgegenstemmte und versuchte, die drohende Entwicklung eines Identitätsverlustes „aufzuhalten, zu unterlaufen und ‚umzukehren'".[18]

Die Erfahrung des Kreuzestodes ihres Anführers, der schändlichsten Todesart im Altertum, wurde von ihr im Sinne einer sogenannten ‚Selbststigmatisierung' verarbeitet,[19] d. h. in der Übernahme des Stigmas des Gekreuzigten und seiner Umdeutung zum Siegeszeichen des von den Toten Auferstandenen. Es handelte sich hierbei also um eine Art ‚Umkehrung der Welt', wie sie bei charismatischen Bewegungen des öfteren beobachtet worden ist. Diesen Prozess der Selbststigmatisierung habe Jesus durch seine Lehre bereits eingeleitet, insofern er seinen Jüngern ein Bewusstsein der Würde und der Erwähltheit gab, ihnen also die Chance einer neuen sozialen Identität vermittelte, mittels derer sie sich gegen die entfremdenden Bedingungen des Hellenismus wie der Orthodoxie behaupten konnten.

Zieht man zur Prüfung dieser These die Berichte der Apostelgeschichte über das erste Auftreten der Jünger nach einer mehrwöchigen Zeit der Abgeschlossenheit unter sich und nach dem sogenannten Pfingstereignis heran, so ergeben sich keine Widersprüche, aber eine bedeutsame Lücke in dieser Argumentation. Die Berichte der Evangelien über das Verhältnis des lehrenden Jesus und seiner Jünger, lassen immer wieder erkennen, wie er ob ihrem Unverständnis nahezu verzweifelte. Es muss sich also im engeren Kreis seiner Getreuen nach seinem Tode etwas zugetragen haben, das ihnen zum einen eine ganz andere Einsicht in seine Lehre und sein Selbstverständnis und zum anderen eine Überzeugungskraft vermittelt hat, die sich in ihrem anfänglichen, in der Apostelgeschichte berichteten Erfolg niederschlug. Nach der Heilung eines gelähmten Bettlers rechtfertigte Petrus sich bei einem Verhör wie folgt:

„Ihr Führer des Volkes und ihr Ältesten! Wenn wir heute wegen einer Wohltat an einem kranken Manne darüber vernommen werden, durch wen dieser Mann gesund geworden ist, so sei euch allen kund getan, und darüber hinaus dem ganzen Volk Israel: Im Namen Jesu Christi aus Nazareth, den ihr gekreuzigt habt, den Gott auferweckt hat von den Toten – kraft dieses Namens steht dieser Mann hier geheilt vor euch. Er ist der Stein, der von euch Bauleuten verworfen, zum Eckstein geworden ist. Durch keinen anderen gibt es das Heil. Es gibt auch keinen anderen Namen unter dem Himmel, der den Menschen dazu gegeben wäre. Durch ihn hat Gott unsere Rettung verfügt!" (Apg 4, 9–12)

Und der Bericht fügt hinzu: „Als sie sahen, wie Petrus und Johannes mit solchem Freimut redeten, während sie doch zugleich feststellen mussten, dass es sich um ungebildete Laien (scil. Analphabeten?) handelte, staunten sie." (Apg 4, 13)

Die These der Selbststigmatisierung, also der Identifikation mit dem Gekreuzigten, kann aus sich heraus noch nicht die Energie und die Überzeugungskraft erklären, welche nicht nur durch die stilisierten Berichte der Apostelgeschichte, sondern offensichtlich auch durch die historische Wirksamkeit dieser Bewegung verbürgt ist. Der hinsichtlich der Ereignisse neutrale Beobachter steht vor der Wahl zwischen zwei ähnlich unwahrscheinlichen Erklärungen: Entweder Jesus ist tatsächlich im Sinne der biblischen Berichte „auferstanden", d. h. dem engsten Kreis seiner Jünger in einer Weise gegenwärtig geworden, die ihnen ein das Maß menschlicher Erfahrung übersteigendes Sendungsbewusstsein und einen im Vergleich zu ihrem bisherigen Leben ungeahnten Zuwachs an geistigen und sozialen Kompetenzen vermittelt hat. Oder es bleibt unerklärlich, warum der Kreis der Jünger mit ihrer Verkündigung einen solch erstaunlichen Erfolg in der kosmopolitischen Stadt Jerusalem hatte. Zwar erscheint es gruppendynamisch nicht ausgeschlossen, dass sich die Vorstellung von der Auferstehung Jesu im Kreise seiner zunächst unter sich bleibenden engeren Getreuenschar auch ohne äußere Einwirkungen verfestigt hätte, *aber es ist völlig unplausibel, dass sich eine solche bloß gruppendynamisch entstandene Überzeugung auch in historisch wirkmächtiger Weise nach außen, ohne den Rückhalt der ursprünglichen Gruppe, hätte verbreiten können.* Für eine ausschließlich profane Erklärung auf der Basis unseres heutigen wissenschaftlichen Wissens bleibt also zum mindesten der Übergang der charismatischen Kraft des Rabbi Jesus auf seine Jünger ein unlösbares Problem.[20]

Bekanntlich berichtet die Apostelgeschichte noch von einem zweiten unmittelbar göttlichen Eingreifen, nämlich der Bekehrung des Christenverfolgers Saulus auf dem Wege nach Damaskus. Hans Lietzmann berichtet über ihn: „Er war in Tarsus geboren als Sohn eines mit dem römischen Bürgerrecht ausgezeichneten Juden vom Stamme Benjamin. Wie der Vater zu dieser Rechtsstellung gekommen ist, wissen wir nicht … Sicher ist, dass der junge Paulus eine gute Ausbildung genoss und neben den Wissenschaften der Schule auch ein Handwerk erlernte: Er ging bei einem Zeltmacher in die Lehre, vielleicht schon in Gedanken an den Beruf eines Rabbi, der freilich Einnahmequellen aus einer Nebenbeschäftigung voraussetzte. Er scheint früh nach Jerusalem gekommen zu sein, denn die Apostelgeschichte lässt ihn erzählen, er sei dort erzogen und ein Schüler des berühmten Rabbi Gamaliel geworden … Dass er eifriger Pharisäer von unbedingter Gesetzestreue gewesen sei und deshalb die neu aufkommende Christensekte nach Kräften gehasst und verfolgt habe, behauptet er selbst. In der Jerusalemer Gemeinde hat man seine aktive Teilnahme an der Hinrichtung des Stephanus nicht vergessen, und die Apostelgeschichte lässt ihn selbst berichten, wie er auch in andere Städte gereist sei, um dort die Verfolgung der Christen fortzusetzen.“[21]

Seine Bekehrung erweckte daher nicht nur den Argwohn der Jerusalemer Urgemeinde, sondern *brachte ein völlig neues, dynamisierendes Moment in die christliche Mission.* Große Teile der Apostelgeschichte berichten von den Auseinandersetzungen zwischen Paulus und den Vertretern der Jerusalemer Gemeinde. Zu deren Haupt war Jakobus, nach der Schrift der Bruder Jesu, bestimmt worden. Hier richtete man sich streng nach den Regeln des orthodoxen Judentums, während sich zwischenzeitlich nicht nur in anderen Ortschaften Judäas, Samarias und Galiläas, sondern auch in der Großstadt Antiochien Gemeinschaften der Anhänger Jesu gebildet hatten. In Antiochien stellte sich zuerst die Frage, inwieweit auch Nicht-Juden getauft und damit Mitglieder der christlichen Gemeinschaft werden könnten, und inwieweit ihnen damit gleichzeitig die Einhaltung der jüdischen Ritualgesetze zuzumuten sei. Paulus wurde zum Vorkämpfer einer liberalen Behandlung der Heiden-Christen, während Petrus anscheinend eine vermittelnde Stellung zwischen Jakobus und Paulus einnahm (vgl. Apg 15, 1–35).

2. Die Bedingungen der Ausbreitung des Christentums

Wie keine andere ist das Christentum eine geschichtsbewusste und geschichtsverbundene Religion. Vor allem der Verfasser des Lukas-Evangeliums und der Apostelgeschichte, deren gleiche Autorschaft feststeht, gibt vielfältige Hinweise, welche es gestatten, die Geschichte des entstehenden Christentums mit unserem Wissen über die allgemeine Geschichte des syrischen Raumes sowie des gesamten Römischen Reiches zu verbinden. Obwohl uns die Geschichte der frühen Jesus-Bewegung im wesentlichen nur aus Selbstzeugnissen ihrer Anhänger bekannt ist, sind auf diese Weise viele Plausibilitäts-Tests der Berichte möglich. Wenn man an die Schriften des Neuen Testamentes nicht die Maßstäbe neuzeitlicher Geschichtswissenschaft legt, sondern sie wie andere historische Quellen aus den Bedingungen ihrer Entstehungszeit interpretiert, so ergibt sich trotz mancher Ungereimtheiten im einzelnen ein doch beachtlich kohärentes Bild, das unter dem Gesichtspunkt unserer Fragestellung allerdings durch Informationen über die allgemeinen Verhältnisse im Jahrhundert nach dem Tode Jesu ergänzt werden muss. Wie also kam es zur so schnellen Ausbreitung des Christentums innerhalb des Römischen Reiches? Über eventuelle Missionen außerhalb der Reichsgrenzen besitzen wir nur sehr spärliche Informationen.

2.1 Urchristentum und hellenisiertes Judentum

Fest steht, dass sich die Jesus-Bewegung noch lange Zeit als Element des Judentums verstand und von Nicht-Juden auch so wahrgenommen wurde. Dem scheint der schnelle Bedeutungszuwachs der Heiden-Christen auf den ersten Blick zu widersprechen. *Unser Bild vom Judentum als einer auf das eigene Volk zentrierten Religion ohne missionarische Ambitionen ist jedoch aus dem talmudischen Judentum gewonnen, welches allein die Zeit des Hellenismus überlebt hat.* Das talmudische Judentum kann als Fortsetzung der pharisäischen Richtung verstanden werden, während in hellenistischer Zeit sich ‚offenere‘ Judengemeinden nahezu im gesamten Römischen Reich fanden, die ihrerseits eine bemerkenswerte missionarische Tätigkeit entfalteten.

Offenbar hatten sich lange vor der Entstehung des Christentums bereits Heiden in erheblichem Maße zum jüdischen Glauben bekehrt und wurden als so genannte Proselyten in die jüdische Gemeinde aufgenommen. Dabei blieb ihnen in der Regel die Beschneidung erspart, allerdings erwarben sie auch nicht alle Rechte der „Volksjuden". Hans Lietzmann schätzt, dass rund 7 % der Einwohner des römischen Imperiums Juden waren, und vergleicht damit die Verhältnisse in Deutschland, wo um 1930 „etwa 1 %, in Frankfurt a.M. 6,3 % der Bevölkerung Juden waren[22] … Diese gewaltige Menschenmasse war aber nicht bloß Zahl und zerstreute Einzelgebilde wie etwa heute die Deutschen in Amerika, sondern eine national und religiös gleichgestimmte und in gewissem Sinne organisierte Einheit. Sie betrachteten in ihrer übergroßen Mehrzahl Jerusalem nicht nur als ideale Heimat, sondern auch als religionspolitische Zentrale."[23] Durch regelmäßige Reisen zu den hohen Feiertagen und insbesondere durch die Tempelsteuer blieb dieses Judentum in der Diaspora bis zur Zerstörung Jerusalems im Jahre 70 auch real mit diesem Zentrum verbunden.

Von diesem Zentrum also ging nun eine neue innerjüdische Bewegung aus, d. h. die Mission richtete sich in erster Linie an die Juden in der Diaspora, wie selbst die Berichte des ‚Heidenmissionars' Paulus über seine Missionsarbeit zeigen: Er begann seine Missionstätigkeit stets in der Synagoge, wurde aber meistens nach entsprechenden Auseinandersetzungen von der Synagogengemeinschaft ausgeschlossen und gründete dann mit den inzwischen gewonnenen Anhängern eine eigene Gemeinde. *Wir können als eine erste Bedingung für die rasche Ausbreitung des Christentums die bereits vollzogene Ausbreitung des Judentums im gesamten Römerreich nennen.*

Eine zweite äußerliche Bedingung besteht in den gesicherten Verkehrsverbindungen, welche spätestens seit der Pax Augustana alle Zentren des Reichs verbanden. Und *charakteristischerweise hat sich auch die Mission entlang diesen Verkehrsverbindungen entfaltet.*[24] Vor allem Kaufleute oder mit ihnen reisende christliche Wanderprediger, wie Paulus selbst einer war, dürften schon früh die Kunde von der neuen jüdischen Sekte in der Diaspora bekannt gemacht haben, und ebenso wahrscheinlich auch jene Jerusalem-Pilger, welche die uns unter dem Namen Pfingsten bekannten Ereignisse miterlebt hatten.

Eine dritte der Ausbreitung des Christentums förderliche Bedingung war *die allgemeine Verbreitung einer lingua franca, nämlich des Gemeingriechischen im Römischen Reich.* Die Schriften des Neuen Testament sind ursprünglich in dieser Sprache abgefasst und wurden erst nachträglich ins Hebräische bzw. Aramäische übersetzt. Aber auch die Schriften des Alten Testamentes waren in der jüdischen Diaspora längst in einer gemeingriechischen Übersetzung (‚Septuaginta') in

Umlauf, so dass die vielfältigen Bezüge auf das Alte Testament in den Schriften des Neuen Testaments keine Übersetzungsleistung erforderten. *Die neue Lehre hat sich also von Anfang an in einem vereinheitlichten hellenistischen Kulturraum entfaltet, zu dem allerdings ihre ursprünglichen Adepten in einem kritischen bis ablehnenden Verhältnis standen.* Da jedoch bereits der Jerusalemer Urgemeinde nicht nur ‚Hebräer‘, sondern auch ‚Griechen‘, also griechisch sprechende Juden angehörten (Apg 6,1), und es in der Folge gerade diese griechischsprachigen Juden waren, welche die Mission nach Judäa und Samaria trugen (Apg 8,1,4), ist also die Mission von Anfang an griechischsprachig gewesen. Insofern fällt es auch schwer, von einer nachträglichen Hellenisierung der ursprünglich jüdischen Botschaft zu sprechen.

2.2 Zur Attraktivität des Christentums in der religiösen Konkurrenzsituation

Die äußeren Bedingungen einer raschen Ausbreitung waren somit gegeben, doch kann dies natürlich die spezifische Plausibilität oder Überzeugungskraft der neuen Lehre in keiner Weise erklären. Zum einen gab es innerhalb des Judentums ohnehin viele unterschiedliche Richtungen, so dass eine mehr an sich wohl kaum besondere Aufmerksamkeit erzeugt hätte. Zum anderen fällt die Ausbreitung des Christentums in eine Zeit, die ohnehin als religiös äußerst bewegt zu gelten hat. Die römische Religionspolitik war nämlich – abgesehen von der gebotenen Verehrung der Göttin Roma, der diejenige des Kaisers zur Seite gestellt wurde – sehr tolerant hinsichtlich der Verbreitung unterschiedlicher Kulte. Das galt auch für Rom selbst, wo schon in den Jahrhunderten vor Christi Geburt nicht nur die griechischen, sondern auch zahlreiche orientalische Gottheiten Heimatrecht gefunden hatten und offensichtlich von vielen gleichzeitig verehrt wurden. „Solche

,kumulative' Frömmigkeit, die Kulte verschiedenster Herkunft zu integrieren vermochte, hielt sich bis weit in die Spätantike hinein."[25] Gerade im ersten und zweiten Jahrhundert nach Christus drängten weitere orientalische Kulte nach Westen, und eine schwer fassbare Zeitströmung, die wir mit dem Begriff der ,Gnosis' verbinden, erfasste auch das Judentum und Teile des Christentums. *Worin also, so wollen wir fragen, bestand die spezifische Differenz des Christlichen, und weshalb erwies sich dieses als so attraktiv, dass sich das Christentum in dieser vielfältigen Konkurrenz jüdischer und heidnischer Strömungen behaupten und schließlich als überlegen herausstellen konnte?*

Christoph Markschies nimmt zu dieser Frage wie folgt Stellung: „Ein Stück weit wird die Erklärung des Aufstiegs des Christentums in der Antike schon deswegen ein Rätsel bleiben, weil die Quellen nur sehr spärlich überliefert sind oder gar ganz fehlen: Psychologisch auswertbare Bekehrungsberichte existieren kaum. Nur eine sorgfältige Inventarisierung von Charakteristika des antiken Christentums wird die vielfältigen Faktoren zusammenbringen, die für die vergleichsweise schnelle Ausbreitung und erstaunliche Privilegierung dieser Religion verantwortlich sind: Dazu zählt als besondere Stärke des Christentums sicher seine das gesamte Leben umgreifende und regelnde Totalität, die Einfachheit seiner Dogmatik und Präzision seiner ethischen Regeln und das Angebot von gestalteter Frömmigkeit. Daneben beeindruckte offensichtlich der konsequente Monotheismus, der gleichwohl eines Menschen Existenz in das Leben Gottes zu integrieren vermochte; die Sicherstellung einer Verbindung zu diesem Gott durch Gebet, Gottesdienst, Sakrament und Fürbitte der religiösen Spezialisten."[26]

Ich breche an dieser Stelle das Zitat ab, um darauf hinzuweisen, dass all diese Momente mehr oder weniger auch für das Judentum gelten. Wo also liegt die spezifische Differenz? Deutliche Unterschiede treten dagegen bei den nachfolgend aufgeführten Faktoren auf: „Das Moment des Staunens über die aufrechte Haltung der Märtyrer, das entbehrungsreiche Leben der Asketinnen und Asketen und die Prachtentfaltung der Organisation Kirche seit dem 4. Jahrhundert darf aber auch nicht unterschätzt werden. Schließlich sind Wunder und Exorzismen bzw. die Berichte darüber zu nennen; die Attraktivität von Märtyrern und heiligen Frauen und Männern."

Dies alles trifft jedoch erst für die Jahrzehnte vor und nach der konstantinischen Wende zu. Soziologisch interessanter sind folgende von Markschies erwähnte Faktoren: „Gewiss faszinierte auch der innergemeindliche, ja reichsweite Zusammenhalt unter den Christen, ihre Witwen- und Waisenfürsorge, die Gastfreundschaft – das alles suchte in der Antike seinesgleichen. Christ zu sein brachte mehr Protektion und Hilfe für das alltägliche Leben, als man als paganer Civis Romanus je bekommen konnte. Ein weiterer Anlass, Christ zu werden, lag höchstwahrscheinlich in der Offenheit der Bewegung für alle Schichten und für beide Geschlechter."[27]

Versucht man, diese stark synthetisierende Betrachtungsweise von Markschies etwas phasenspezifisch aufzugliedern, so steht zu vermuten, dass am Anfang die Kunde von dem gekreuzigten und wieder zum Leben gekommenen Jesus als dem Messias und die Zentralelemente seiner Lehre, nämlich Nächstenliebe und Nachfolge, geeignet waren, das Interesse eines jüdischen Publikums zu erwecken, und dass diese Botschaft durch sehr überzeugend wirkende Wanderprediger auch emotional bewegend vermittelt wurde. Die zahlreichen Zeugnisse der Herabkunft des so genannten Heiligen Geistes, vermutlich ekstatische Momente, welche schließlich in der Gemeinde zu Korinth die Zusammenkünfte so störten, dass Paulus sich veranlasst sah, sie mit sehr vorsichtigen Worten einzugrenzen (vgl. 1. Kor, Kap. 12–14) mögen zur Beglaubigung der Botschaft beigetragen haben. Die nach diesen Missionen sich bildenden Gemeinden orientierten sich am *christlichen Ethos der Nächstenliebe, das sich vor allem auch in Gastfreundschaft und Mildtätigkeit äußerte und damit einen unmittelbar praktischen Sinn entfaltete, der gleichzeitig der Glaubwürdigkeit diente.* Bemerkenswert war offensichtlich auch die Norm, auf persönliches Ansehen zu verzichten und im Hinblick auf die kommende Gottesherrschaft alle Menschen, auch die Sklaven, als gleiche anzuerkennen.[28]

Zu betonen bleibt – im Blick auf die Ausbreitung des Christentums – die *Zweckmäßigkeit einer primär ideell motivierten Verhaltensänderung.* Dass das Christentum in einer tendenziell pluralistischen Religionskultur und angesichts allgemeiner Permissivität gerade durch seine moralischen und asketischen Forderungen attraktiv werden konnte, setzt einen Überdruss oder eine Desorientierung durch diese Situation voraus, welche genauer zu erkunden wäre.

Nachhaltig wirksam dürfte die *hohe Organisationsfähigkeit des Christentums* gewesen sein. Offenbar gelang es von Anfang an, trotz der nur vorübergehenden Anwesenheit der wandernden Propheten und Glaubenszeugen, gemeindliches Zusammenleben zu stabilisieren. Die gemeindliche Organisation nahm dabei unterschiedlichen Formen an; die Leitung erfolgte vornehmlich durch mehrere ‚Presbyter' (Älteste) oder durch einen ‚Episkopos' (Bischof). Es gehörte offensichtlich zum gemeindlichen Selbstverständnis, sich selbst als Teil eines größeren Ganzen zu verstehen und deshalb auch die Kontakte zu anderen Gemeinden zu pflegen. Obwohl also das alte Christentum durch die Zerstörung Jerusalems sein Zentrum zu einem Zeitpunkt verlor, als es noch weit instabiler war als das zeitgenössische Judentum, vermochte es sich aus sich selbst heraus zu stabilisieren. Dies dank einem polyzentrischen Netzwerk, in welchem die großen Städte der Antike – Rom, Alexandrien, Antiochien und Karthago – Knoten erster Ordnung bildeten. Die Ablösung dieses christlichen Polyzentrismus durch die Bipolarität von Rom und Byzanz gehört bereits in den Zusammenhang unserer letzten Fragestellung.

Schließlich sei ein Gesichtspunkt erwähnt, auf den vor allem die Religionstheorie René Girards aufmerksam macht: Die Überwindung der Blutopfer.[29] Berücksichtigt man, dass alle Tieropfer mit intensiven Geruchserfahrungen verbunden waren, welche affektuelle Erregungszustände stimulierten, so ist die Vergeistigung des Religiösen, die schon bei den jüdischen Propheten angelegt war, als ein zivilisatorischer Quantensprung zu werten, der der Überwindung des Menschenopfers – in der jüdischen Tradition fassbar in der Erzählung von Abraham und Isaak – vergleichbar ist. In dieser Perspektive erhalten die Worte Jesu: „Das ist mein Fleisch … das ist mein Blut" einen uns heute kaum mehr verständlichen, nämlich die Fleisch- und Blutopfer überwindenden Sinn. Die Eucharistie als gemeinschaftliche Erinnerung des Todes Jesu brachte somit eine unblutige religiöse Ästhetik zum Tragen, deren zunehmende kulturelle Plausibilität im Kontext des Hellenismus einer genaueren Prüfung wert wäre.

3. Zum politischen Erfolg des Christentums

In der alten Kirchengeschichte, zumal der katholischen, ist wesentlich mehr von der politischen Verfolgung der Christen als von ihrem allmählichen sozialen Aufstieg die Rede. Wahrscheinlich hatte das Christentum, dessen erste Anhängerschaft erkennbar aus dem *Am'harez*, der verachteten, ungebildeten jüdischen Unterschicht, stammte, zunächst größeren

Erfolg in den wenig angesehenen Schichten der jüdischen und zunehmend auch der paganen Bevölkerung, also insbesondere unter Sklaven und Freigelassenen. Offensichtlich erhielt die Bewegung aber auch die Unterstützung wohlhabender Bürger, unter denen sich Bekehrte fanden, die ihre Häuser für die Zusammenkünfte der jungen Christengemeinden zur Verfügung stellten. Erst ab der zweiten Hälfte des dritten Jahrhunderts tauchen spezifische Kirchengebäude auf.

Im dritten Jahrhundert zeigten sich bereits deutliche Merkmale einer örtlichen und überörtlichen Organisation des Christentums, auch in der Form überörtlicher Bischofssynoden. Dennoch wird man das Ausmaß der christlichen Mission nicht überschätzen dürfen. Das Christentum blieb immer noch auf bestimmte Gegenden beschränkt und erreichte auch dort nur eine kleine Minderheit der Bevölkerung. So wurde der Umfang der Gemeinde in Rom um die Mitte des dritten Jahrhunderts auf 7000 Mitglieder bei einer Einwohnerzahl von ca. 700 000 Menschen geschätzt, was also einem Christianisierungsgrad von einem Prozent entspräche.[30] Im Ostteil des Reichs, insbesondere in Kleinasien, war allerdings die Christianisierung weiter fortgeschritten.

3.1 Desorganisationstendenzen im Kaiserreich

Stellt man diesen geringen Grad der Christianisierung um die Mitte des dritten Jahrhunderts in Rechnung, so erscheint es doch als sehr überraschend, dass nur 60 Jahre später das Christentum sich kaiserlicher Unterstützung erfreute und dann binnen zweier weiterer Generationen zur Reichsreligion aufstieg. Dieser politische Erfolg des frühen Christentums ist umso bemerkenswerter, als dieses sich selbst ja in deutlicher Distanz zu jeder Politik stehend verstand, ohne irgendwelche revolutionären Absichten zu hegen. Aber *es war gerade diese Distanz zum römischen Staat, die Weigerung, die Symbole der*

Staatseinheit – die Göttin Roma und den Kaiser – zu verehren, welche zuerst die Aufmerksamkeit der politischen Behörden auf das Christentum lenkte und Anlass für die meisten Christenverfolgungen bot.

Betrachten wir auch hier zunächst die äußeren Bedingungen: Das erste und zweite nachchristliche Jahrhundert waren die Glanzperiode des Imperiums, das durch die Sicherheit des Handels und Verkehrs sowie eine weitgehende Einheitlichkeit der Zivilisation der reibungslosen Ausbreitung des Christentums Vorschub leistete. Das dritte Jahrhundert dagegen zeichnete sich durch wachsenden Druck an den Grenzen im Norden und Osten, durch politische Instabilität, durch ökonomische Krisen und wachsende geistige Verunsicherung aus.

Vor allem ging der römische Charakter des Reiches mehr und mehr zugrunde. Die Kaiser stammten nicht mehr aus der römischen Aristokratie, im Heereswesen gewannen die Barbaren zunehmend Einfluss, und die senatorischen Legaten wurden durch Berufsoffiziere ausgeschaltet. Das römische Bürgerrecht wurde auf alle Freien des Reiches ausgedehnt. Die römische Identität des Reiches zerfiel, Rom selbst war nun nicht mehr alleiniges kaiserliches Zentrum, sondern die Kaiser und ihre Cäsaren residierten in Städten wie Trier, Ravenna oder Nikomedien. Die Besetzung des Kaiserthrons wurde eine Frage militärischer Machtverhältnisse: Zwischen 235 und 284 gab es über 30 sogenannte ‚Soldatenkaiser‘, welche fast alle eines gewaltsamen Todes gestorben sind. Das dritte Jahrhundert war auch eine Zeit tiefgreifender wirtschaftlicher Veränderungen: Die bisherige Sklavenwirtschaft war mangels Zuflusses neuer Sklaven nicht zu halten. Inflation und wachsende Steuern ließen das Bürgertum verarmen. All dies hatte auch kulturelle und religiöse Folgen:

„Ungenügen und Unsicherheit des Individuums in den traditionellen Ordnungen führten zu einer folgenreichen Veränderung in der Mentalität der Gesellschaft. Die Religion des heidnischen Polytheismus und die damit eng zusammenhängende klassische Bildungswelt wurden mehr und mehr verdrängt durch neue Glaubens- und Denkformen. Eine erhöhte religiöse Erregbarkeit kennzeichnete die Menschen. Am auffallendsten war das Vordringen orientalischer Kulte und Mysterienreligionen, gefördert durch die Rekrutierung von Teilen der Armee aus dem Osten. Der persische Mithras, die phrygische Kybele, der Sonnengott von Emesa, Isis und Serapis, Sol Invictus – sie alle fanden zunehmend Gläubige und Gemeinden unter der Reichsbevölkerung. Dazu trat die Lehre der Gnosis mit dem schroffen Dualismus von Geist und Materie als Religion vor allem der Gebildeten. Randerscheinungen der religiösen Situation waren ein wilder Synkretismus und ein ungeheurer Aufschwung von Astrologie, Magie und Zauberei."[31]

Aus diesen Tendenzen zur inneren Desorganisation des Reiches führte Ende des dritten Jahrhunderts die bedeutende Persönlichkeit des Kaisers Diokletian heraus, welcher das Reich nicht nur administrativ zu einigen wusste, sondern auch seine symbolische Einheit zu stärken suchte. Er wird als Pragmatiker beschrieben, „der zugleich unerschütterlich an Mithras, den Gott der Legionäre, als ‚unbesiegbare Sonne‘ und an eine ewige Ordnung der Welt glaubte, deren Geheimnisse die Astrologie enträtseln kann."[32] Sein Kampf gegen das Christentum ist ihm wohl zunächst von seinen Mitregenten im Osten des Reichs aufgenötigt worden, aber schließlich kann die mit seinem Namen verbundene diokletianische Christenverfolgung doch als die größte reichsweite Aktion gegen die im Osten mittlerweile offenbar auch am Hofe und in der Armee zu einem gewissen Einfluss gelangten Christen gelten. In den vierzig Jahren zuvor hatte sich das Christentum nämlich weitgehend ungestört ausbreiten können. Im Westen allerdings galt das Christentum anscheinend nur als einer von vielen östlichen Kulten, die zu jener Zeit als monotheistische oder henotheistische Erlösungsreligionen um die Gunst des Publikums warben.

3.2 Erklärungsversuche der ‚Konstantinischen Wende'

Die sogenannte konstantinische Wende, also die entschiedene Förderung des Christentums im Westen durch den im Jahre 312 an der Milvischen Tiber-Brücke vor Rom siegreichen Kaisersohn Konstantin, bleibt ein nach wie vor umstrittenes Thema der Kirchen- und Profangeschichte. Während Hans Lietzmann die tatsächlichen Sachverhalte als durch sowohl christliche als auch heidnische Legendenbildung weitgehend verdunkelt einschätzt,[33] vermutet Carl Andresen, Konstantin sei angesichts der Konzessionen, die bereits sein Gegner Maxentius den Christen im Westen gemacht hatte, gar nichts anderes übriggeblieben, als dessen Begünstigung noch zu überbieten.[34] Dieses politische Kalkül erscheint jedoch nur plausibel, wenn man auch im Westen bereits einen maßgeblichen politischen Einfluss der Christen vermutet, was eher unwahrscheinlich ist.

Soziologisch interessant ist die schon vor längerer Zeit geäußerte Hypothese Karl-Heinz Messelkens, die Entscheidung Konstantins zur Förderung des Christentums sei im Interesse einer neuen, zukunftsträchtigen religiösen Integrationsstrategie des Reiches erfolgt. Es habe im Spannungsfeld zwischen der rationalistischen Philosophie und den tradierten Formen des Volksglaubens einen starken Hunger nach neuer Religion gegeben, den zu stillen allerdings die verschiedenen östlichen Kulte grundsätzlich ähnlich geeignet gewesen seien. „Denn sie boten alle einen entsprechenden Ausgleich zwischen einerseits relativ rationaler Weltinterpretation, die die Fülle der Naturkräfte von letztenendes einem einzigen Geist durchwaltet vorstellt und damit dem der Zivilisation gewachsenen und übri-

gens auch der Einheitlichkeit der Zivilisation und ihrer zentra-
listisch-autoritären politischen Leitung entsprechenden Be-
wusstseinsstand der Menschen gerechter wurde; und andererseits relativ massiver Befriedigung des ungebrochenen
Verlangens der Menschen nach Geborgenheit im Kosmos."[35]
Dass gerade das Christentum erfolgreich wurde, führt er auf
dessen *größere Widerstandsfähigkeit gegenüber den die gesamte
Antike prägenden synkretistischen, d. h. unterschiedliche Kulte
kombinierenden Tendenzen* zurück: „Im Widerstand gegen die
synkretistische Umarmung aber qualifizierte sich das Christentum bald schon als die prinzipielle Alternative zu allem Kon-
ventionellen, nicht bereit, sich durch Verschnitt mit anderen
religiösen Phänomenen in seinen Konturen und damit auch
als programmatischer Kontrast verwischen zu lassen. Je fun-
damentaler danach die Probleme wurden – oder wenigstens
empfunden wurden, die das Imperium romanum politisch,
wirtschaftlich und sozial bedrängten, desto größer wurde
auch die Chance für die christlichen Gesinnungs- und Gesit-
tungsmuster, gerade mit ihrer oppositionellen Radikalität als
Lösung für diese Probleme in Betracht gezogen zu werden."[36]
   Der doktrinale und wohl auch bereits institutionelle Vor-
sprung, den das Christentum in Auseinandersetzung mit den
gnostischen und sonstigen synkretistischen Tendenzen des
Altertums errungen hatte, muss jedoch durch die erneute Betonung des Faktors der *Offenheit des Christentums für jeder-
mann* ergänzt werden. Hier konnte nun auch das Judentum
jener Zeit nicht mehr mithalten, da es nach der Zerstörung
Jerusalems stark unter die pharisäisch-rabbinische Richtung
des Talmud geraten war, welche erneut den völkischen Charakter des Glaubens und die nur durch Abschließung nach
außen zu erhaltende Reinheit der Synagoge betonte.
   Schließlich wird man – unabhängig von der Frage, ob der
Sieg an der milvischen Brücke durch die besondere Anrufung

des Christengottes zustande gekommen sei – die *Persönlichkeit Konstantins* in Rechnung stellen müssen: Gegen die bereits von Jacob Burckhardt vertretene These, Konstantin habe sich dem Christentum aus kühler politischer Berechnung zugewandt, weil er einen neuen Glauben als „geistiges Ferment für den Neubau des Reiches" brauchte, wendet Franz-Georg Maier m.E. zu Recht ein, dass dies „Constantin in der damaligen Situation eine allzu prophetische Einsicht in die Möglichkeiten des Christentums unterstellt. Constantin besaß offenbar eine Art religiöser Disposition und hat lange nach Glaubensgewissheiten irgendeiner Form gesucht. Er begann als Anhänger des Sol Invictus, um später diesen Soldatenglauben gegen einen mit dem Kult Apollons verbundenen Monotheismus philosophischer Form einzutauschen, der ihn Schritt für Schritt zum neuen Glauben führte. Möglicherweise unter den Eindrücken der großen Verfolgung kam er zur Begegnung und Auseinandersetzung mit dem Christentum. Es ist freilich offensichtlich, dass mancher dieser Schritte sich später auffällig gut in sein politisches Kalkül einfügte."[37] Und es kann hinzugefügt werden, dass bereits Konstantins Vater Konstantius als Cäsar in dem vergleichweise stark christianisierten Trier residierte, wo er die Edikte der diokletianischen Christenverfolgung nur lax handhabe.[38]

Diese Interpretation bündelt sozusagen den säkularen Selektionsprozess zwischen den konkurrierenden Religionen in der Person des in der Folge zur höchsten Machtfülle aufsteigenden Konstantin, welcher dann die entscheidenden Gewichtsverlagerungen zugunsten des Aufstiegs des Christentums bewirkt habe. Es ist auch aus soziologischer Sicht durchaus nicht unplausibel, dass strukturelle Lagen, welche bestimmte Entwicklungen begünstigen, durch mehr oder weniger zufällige Einzelereignisse ihre entscheidende Veränderung erfahren. Ob es ohne Konstantin und seinen Sieg an der milvischen Brücke auch zum reichsweiten historischen Erfolg des Christentums gekommen wäre, ob sich also das Christentum aufgrund seiner geistigen und moralischen Überlegenheit allein allmählich in dem spätantiken Mischmasch der Kulte als überlegenes Glaubens- und Orientierungssystem herausgestellt hätte, muss offen bleiben. Allerdings setzt diese Formulierung der Frage bereits eine typisch moderne Perspektive voraus: Es ist höchst unwahrscheinlich, dass die Religionsfrage in der Antike nicht so oder so zu einer Machtfrage geworden wäre.

3.3 Rom und Byzanz

Fest steht, dass Konstantin das Christentum nicht nur als ‚erlaubte Religion‘ den übrigen Kulten gleichstellte, sondern seine Ausbreitung und seine innere Geschlossenheit zu seiner eigenen Sache gemacht hat. Er berief im Jahre 325 die erste reichsweite Synode (‚ökumenisches Konzil‘) nach Nizäa in seine Sommerresidenz ein, um die Meinungsverschiedenheiten über den Termin des Osterfestes und zahllose weitere Divergenzen unter den regionalen Kirchen zu klären und insbesondere die sich anbahnende arianische Kirchenspaltung zu verhindern.

Wesentliche Impulse gegen die mit seiner politischen Anerkennung drohende Verweltlichung des Christentums gingen im vierten Jahrhundert von dem zunächst in Ägypten unter den Kopten entstehenden, geregelten *Mönchstum* aus, das zwar in Spannung zum Klerikerstatus entstanden ist, jedoch schon bald zu einem wichtigen Reservoir des Bischofsnachwuchses wurde.[39] Nach einem kurzen Intermezzo durch Kaiser Julian, der 362 die bereits stark geschwächten alten Kulte wiederzubeleben suchte, richtete sich die Politik der nun durchwegs christlichen Kaiser auf die allgemeine Verbreitung und Vereinheitlichung des Christentums. So wurde unter Kaiser Theodosius (379–395) das Christentum der nizänisch-römischen Observanz zur allgemein verbindlichen Religion auch im Osten des Reichs. Aber trotz dieser doktrin-politischen Vereinheitlichung blieb die Spannung zwischen der römischen und der byzantinischen Kirche bestehen, ja sie vertiefte sich mit dem Verlust der griechischen Bildung und dem Zusammenbruch des weströmischen Reichs zur politischen und kulturellen Kluft. Augustinus, der Bischof von Hippo in Nordafrika, oft als ‚Vater des Abendlandes‘ apostrophiert, war der erste Kirchenlehrer, der nur noch spärlich Griechisch verstand.[40]

Während sich im Osten eine enge Symbiose zwischen byzantinischem Kaisertum und Kirche entwickelte, nahm die Kirche im Westen eine distanzierte Haltung zur politischen und sozialen Verfassung Roms ein. Diese Distanz erleichterte die Assimilation der eindringenden ‚Barbaren‘: *Das Christentum erwies sich nunmehr als Repräsentant einer offenbar überlegenen Kultur, die es selbst zwar nicht geschaffen, aber durchdrungen hatte.*

4. Christentumsgeschichte

Es war im Vorangehenden selten von Kirche, dafür zunächst von Jesus und seiner Anhängerschaft oder der von ihr ausgehenden religiös-sozialen Bewegung die Rede, und dann schließlich vom Christentum. Will man sich nicht von vornherein auf den Standpunkt einer bestimmten Konfession stellen, sondern die *historische Wirksamkeit der von Jesus ausgehenden sozio-religiösen Bewegung in ihrer ganzen Breite* in Betracht ziehen, so bietet sich der *Begriff des Christentums* fast zwangsläufig an. Zwar scheint auch ‚Christen‘ ursprünglich eine Fremdbezeichnung gewesen zu sein (vgl. Apg 11,26), das Wort wurde aber spätestens ab Ende des 1. Jahrhunderts auch als Selbstbezeichnung geläufig. Die historische Identifizierbarkeit des Christlichen wird dabei durch den Umstand wesentlich erleichtert, dass bereits im zweiten nachchristlichen Jahrhundert eine Kodifizierung derjenigen Schriften sich vollzog, welche wir heute als die Überlieferung des Neuen Testamentes bezeichnen. Ein Vergleich dieser Schriften mit konkurrierenden christlichen, jüdischen und gnostischen Schriften zeugt – wenn nicht von dem oft beschworenen Wirken eines ,Heiligen Geistes' – zum mindesten vom Qualitätssinn und dem Einheitsstreben der damaligen Christen. Im Vergleich zu den apokryphen Berichten über das Leben Jesu bestechen die vier Evangelien durch eine bemerkenswerte Nüchternheit und eine Übereinstimmung in ihren Grundaussagen, also durch doktrinale Homogenität.

Dieser doktrinale Rahmen hat jedoch eine innere Pluralität und sich bis zu Religionskriegen steigernde Auseinandersetzung zwischen christlichen Glaubensgemeinshaften und ihren politischen Repräsentanten nicht verhindert. Dabei haben sie sich die Anerkennung als ,Kirchen', d. h. ursprünglich: als legitime christliche Gemeinden der ,Herausgerufenen', zunehmend abgesprochen. Eine einzige ,Kirche' im Sinne der doktrinären Einheitlichkeitsvorstellungen der römischen Kirchenbehörden hat es nie gegeben, die Einheit des christlichen Glaubens bestand seit den Zeiten der Apostel aus einer Pluralität der Traditionen, wie auch die Schriften des Neuen Testaments zeigen. Obwohl das Gebot ihres Stifters sie zu eben dieser Einheit ermahnt hat, und die Ökumene aller Christen im 20. Jahrhundert erneut zu einer Zielvorstellung geworden ist, hat sich die Geschichte des Christentums in der Form unterschiedlicher doktrinaler und kultischer Traditionen in unterschiedlichen politischen, ökologischen und kulturellen Kontexten entwickelt und zu verschiedenen Symbolsprachen gefunden.[41]

Das Evangelium wurde für vieles in Anspruch genommen, und christliches Gedankengut ist sozial wirksam stets nur in Verbindung mit den primär profanen Merkmalen der jeweiligen gesellschaftlichen Verhältnisse geworden. Von Christentumsgeschichte können wir daher nur im Sinne unterschiedlicher sozialer Inkulturationen des Christentums und deren jeweiligen Fortentwicklungen sprechen. Trotz ihrer doktrinalen und sonstigen Unterschiede standen jedoch die meisten ‚Kirchen' untereinander im Kontakt und beeinflussten sich gegenseitig, auch in der Polarisierung ihrer Glaubensauffassungen. Das berechtigt, trotz des Pluralismus der Kirchentümer vom Christentum als einem historischen Zusammenhang zu sprechen. Die mächtigste soziale Inkulturation des Christentums war zunächst die byzantinische, später die lateinische ‚Christenheit'.[42]

III. Das Christentum und die europäische Freiheitsgeschichte

In dem Maße, als sich das Christentum zur herrschenden Religion entwickelte, wurde sein Überleben weniger von seiner inneren Plausibilität und der Überzeugungskraft seines Ethos als von den jeweiligen Machtverhältnissen abhängig. Die Erfolgsgeschichte des lateinischen Christentums darf nicht darüber hinwegtäuschen, dass schon das Eindringen fremder Völker in den Raum des römischen Weltreiches vielfach zur Zerstörung regionaler Kulturen und mit ihnen des dort lebendigen Christentums geführt hat, soweit nicht die eindringenden Völker selbst christianisiert wurden. Vor allem aber hat die *Ausbreitung des Islam* allmählich einen Großteil der Kerngebiete des antiken Christentums zerstört. Dass davon insbesondere christliche Traditionen betroffen wurden, die – wie z. B. der Arianismus oder der Nestorianismus – von den historisch überlebenden byzantinischen und lateinischen Traditionen als häretisch gebrandmarkt worden waren, hat zur doktrinalen Homogenität des Christentums beigetragen. Aber trotz der mehr oder weniger ökumenischen Konzilien blieb die Spannung zwischen Byzanz und Rom nicht nur eine politische, sondern auch eine doktrinale. Der endgültigen Spaltung der lateinischen und der byzantinischen Christenheit (1054) gingen fortgesetzte theologische Auseinandersetzungen voraus. Dass in der Folge Byzanz ebenfalls ein Opfer der muslimischen Machtentfaltung wurde, hat auch mit seiner Schwächung und später mit seiner mangelnden Unterstützung durch die lateinische Christenheit zu tun. Der Untergang des byzantinischen Reichs hat die welthistorische Dominanz des römischen Papsttums befestigt. Aber auch die lateinische Christenheit blieb vom 8. Jahrhundert bis zur Niederlage der Türken vor Wien (1683) vom Islam umklammert, was den der Aufklärung vorangehenden Angst- und Schuldkomplexen im Abendland eine spezifische Färbung gegeben hat.[43]

In diesem Kapitel geht es um den Zusammenhang zwischen der historischen Wirksamkeit des Christentums und der Entstehung der europäischen Freiheitsgeschichte, die ein wesentliches Moment auch unserer Gegenwart darstellt. Ich konstruiere also einen bestimmten historischer Zusammenhang, indem ich aus dem letztlich unentwirrbaren Geflecht historischer Ereignisse bestimmte herausgreife und die zwischen ihnen plausibel zu machenden Beziehungen für besonders bedeutungsvoll erkläre. Bildlich gesprochen könnte man das Christentum als eine wichtige ‚Wurzel' der europäischen Freiheitgeschichte bezeichnen. Das Bild der Wurzel soll hier besagen: es werden den vielfältigen historischen Prozessen immer wieder bestimmte ideelle Energien zugeführt, die ihre Richtung beeinflussen.

Gegen die Suche nach den Wurzeln, Ursprüngen oder gar historischen Ursachen komplexer zeitgenössischer Phänomene lassen sich eine Reihe wissenschaftlicher, ideologiekritischer, methodischer und natürlich in jedem Einzelfall auch sachlicher Einwände vorbringen. Gerade die Frage nach dem Einfluss des Christentums auf die Entstehung dessen, was wir gerne die moderne Welt nennen, kann als Paradebeispiel für die Vielschichtigkeit solcher Einwände dienen. Ich erinnere lediglich an zwei sich über Jahrzehnte hinziehende internationale Debatten, nämlich über Max Webers These vom Einfluss des Puritanismus auf die Entstehung des modernen Kapitalismus[44] und über die These Georg Jellineks vom Ursprung der modernen Menschenrechte in der Forderung nach Gewissens- und Religionsfreiheit[45]. Dass diese Fragen so viel wissenschaftliche Energie zu mobilisieren vermochten, zeigt jedoch auch, dass – zum mindesten in den Geisteswissenschaften – es oft die nicht abschließend beantwortbaren Fragen sind, welche zu besonders fruchtbaren wissenschaftlichen Kontroversen führen. Es handelt sich hierbei oft um *ideenpolitische Fragen*, welche einen notwendigen Überschuss über die im strengen Sinne wissenschaftlich zu beantwortenden Fragen beinhalten, deren Erörterung jedoch gleichzeitig für den Fortgang unserer kulturellen Selbstverständigungsprozesse von entscheidender Bedeutung ist. Auch die hier aufgeworfene Frage nach dem Überleben des Christentums in der Moderne ist eine ideenpolitische und keine im strengen Sinne wissenschaftliche Frage.

Wenn demgegenüber der Einwand erhoben wird, dass die Zusammenhänge zu vielfältig, die Ursachenketten zu gebrochen, die Zurechnungen zu beliebig seien, so möchte ich dem die Vermutung entgegensetzen, dass Faktoren, die langfristig wirksam sind, auf die Dauer einen nachhaltigeren Einfluss auf bestimmte Entwicklungen ausüben als mittelfristige Konjunkturen oder gar kurzfristige Ereignisse. Zu diesen nicht bloß säkularen, sondern millenären Faktoren gehören die ideellen Momente des Christentums, deren stets erneute und oft unterschiedliche Auslegungen doch an der Dauerhaftigkeit der ihnen zugrunde liegenden zentralen Dokumente – etwa dem Alten und dem Neuen Testament oder auch dem nizänischen Glaubensbekenntnis – ein fortgesetztes Korrektiv fanden. In Verbindung mit der kirchlichen Institutionalisierung des Christentums bildeten sich zudem konfessionelle Traditionen, welche in Verbindung mit anderen, durchaus profanen Faktoren spezifischere Entwicklungsrichtungen bald nahelegten, bald legitimierten.

Im folgenden sei die These begründet, dass der von Max Weber so genannte abendländische Sonderweg *kulturell* in hohem Maße von den christlichen Freiheits- und Gleicheitsvorstellungen orientiert (Abschnitt 1) und *strukturell* vom Kampf der Kirche um politische Unabhängigkeit vorangetrieben wurde (Abschnitt 2).[46] Dass im Zuge der europäischen Staatenbildung dem Christentum sodann eine höchst ambivalente Funktion zuwuchs, sei in Abschnitt 3 verdeutlicht.

1. Die metaphysische Transzendenz Gottes und die Entstehung des abendländischen Person- und Freiheitsbegriffs

Judentum und Christentum unterschieden sich von den übrigen Kulten der Antike durch die Art ihres Gottesglaubens. Nicht nur, dass der Glaube sich auf einen einzigen Gott bezog, das galt auch für andere vorderasiatische Religionen wie den Mithras-Kult. Der entscheidende Unterschied bezog sich auf die Unsichtbarkeit und Weltenthobenheit dieses Gottes, was philosophisch als *metaphysische Transzendenz* bezeichnet wurde. Gott ist der ,ganz Andere‘, dessen Namen die Juden nicht einmal auszusprechen wagten. *Gott gehört nicht zum Kosmos der Welt, sondern er ist der Schöpfer dieser Welt und damit ihr allmächtiges Gegenüber*. Religionsgeschichtlich hat sich der strenge Monotheismus im alten Israel erst allmählich entwickelt und wurde vor allem durch die Propheten durchgesetzt. In diesem Zusammenhang ist daran zu erinnern, dass die Tradition des jüdischen Gottesglaubens ihre uns überlieferte Form im Horizont der babylonischen Exilserfahrung gewonnen hat. Der „Gott Israels" wurde seit dem Auszug aus Ägypten bereits als „Befreier aus der Knechtschaft" dargestellt, doch sonst spielte die Freiheitsthematik im alten Judentum kaum eine Rolle.[47]

Im Neuen Testament erscheint Jesus als „Sohn des Vaters", der die Menschen durch seinen Tod aus den Fesseln der Sünde erlöst und zur Wahrheit *befreit*. Das Verhältnis Jesu zu dem allmächtigen und einen Gott, von dem er als seinem Vater sprach, bildete den zentralen Punkt der theologischen Auseinandersetzungen vom vierten bis zum siebten Jahrhundert, und es wurde auf den Konzilien von Chalzedon (451) und auf dem dritten Konzil von Konstantinopel (680/81) für das römische und byzantinische Christentum im dem Sinne geklärt, dass Jesus Christus zwei Naturen – eine göttliche und eine menschliche – besitze, und dass diesen zwei Naturen auch zwei zu unterscheidende Willen – ein göttlicher und ein menschlicher – entsprächen; diese Lehre wird bis heute von einigen orientalischen Kirchen wie der koptischen und der syrischen Kirche nicht angenommen. In unserem Zusammenhang ist die Zwei-Naturenlehre deshalb wichtig, weil sie erneut – selbst in der Person Jesu Christi – die unaufhebbare Differenz zwischen Gott und Welt bestätigt. Gott ist demzufolge zwar in der Person Jesu Christi in die Welt gekommen, doch bleibt sein Reich „nicht von dieser Welt" (Joh 18,36).

Diese Spannung zwischen ‚Gott' und ‚Welt' ist für den abendländischen Sonderweg von entscheidender Bedeutung geworden. Da hier im Unterschied zu allen anderen bisherigen Religionen das Göttliche von der Welt völlig getrennt wurde, entfielen die ideellen Grundlagen für alle Formen der Naturreligiosität oder der Magie. Die Welt wurde unter dem Einfluss von Judentum und Christentum mehr und mehr *entzaubert*. Dies war ein langsamer Prozess, der bis an die Schwelle der Neuzeit dauerte, als die modernen Wissenschaften sich anschickten, die Welt in ihren Eigenarten ganz aus sich selbst zu erklären. Wenn der Künstler Joseph Beuys in einem seiner vielen religiös provozierenden und inspirierenden Werke eine landläufige italienische Herz-Jesu-Darstellung nahm und sie 1971 dadurch zu einem seiner Werke machte, dass er sie mit der eigenhändigen Aufschrift „Christus – der Erfinder der Dampfmaschine" versah, so ist das keineswegs als Blasphemie zu verstehen, sondern als Erinnerung an eben diesen Zusammenhang, den der Philosoph Arnold Gehlen auf die Formel brachte, dass „der Monotheismus selbst zu den intimen Voraussetzungen der Naturwissenschaften gehört".[48]

Hier wollen wir jedoch nicht dem von Max Weber ausführlich dargestellten Zusammenhang zwischen jüdisch-christlicher Tradition und dem okzidentalen Rationalisierungprozess,[49] sondern dem in etwa parallelen Zusammenhang zwischen Christentum und der Entwicklung von Idee und institutioneller Praxis der Freiheit nachgehen.

‚Freiheit' wirkt zwar als eine der großen Leitideen der abendländischen Entwicklung, aber was im einzelnen darunter zu verstehen ist, darüber streiten sich Philosophen, Juristen und Sozialwissenschaftler bis heute.[50] Für unsere Zwecke sei zunächst nur eine allgemein akzeptierte Grundunterscheidung eingeführt: Freiheit beinhaltet entweder einen rechtlichen Status oder eine Eigenschaft von Personen.

Freiheit als rechtlicher Status bedeutete ursprünglich „die Zugehörigkeit zu einer schützenden Gemeinschaft."[51] Freiheit als Rechtsstatus setzt die Freiheit von äußerer Bedrohung und innere Befriedung des Gemeinwesens, also äußere und innere Sicherheit voraus. Freiheit als Rechtsstatus ist uns heute in der Form verfassungsmäßig gewährleisteter Freiheits- und Partizipationsrechte sowie als rechtsstaatlicher Schutz geläufig. Diese Idee findet sich bereits in der griechischen Antike als das in der freiheitlichen Ordnung der Polis gewährleistete Recht der Bürger, die als ‚Freie' sich von den ‚Unfreien', d. h. den Hausgenossen, Sklaven und Zugewanderten unterschieden. Sie findet sich aber auch im Mittelalter als ‚libertas' bestimmter Korporationen (vgl. 2.3).

Freiheit als Eigenschaft von Personen ist eine bewusst vieldeutige Formulierung, denn ihre Präzisierung führt in die

Philosphiegeschichte der Freiheit, die uns hier insoweit beschäftigen soll, als für sie der christliche Impuls von Bedeutung ist. Dieser christliche Impuls hat zu einer charakteristischen ‚*Verinnerlichung*‘ des Freiheitskonzeptes geführt, so dass heute der Mensch trotz aller biologischen und sozialen Bedingungen überwiegend als ‚seinem Wesen nach frei‘ verstanden wird. Weder in der griechischen noch in der römischen Philosophie war in diesem Sinne von ‚Freiheit‘ die Rede, obwohl natürlich vielfältige Formen menschlichen Urteilens und Handelns reflektiert wurden.[52] Dagegen haben schon die frühen christlichen Philosophen sich ausdrücklich der dem Neuen Testament entnommenen Freiheitssemantik bedient, um das Verhältnis von Gott und Mensch genauer zu bestimmen.

Grundsätzlich frei ist, dem biblischen Verständnis zufolge, nur der eine Gott. Doch es steht dem Schöpfer der Welt frei, auch dem Menschen Freiheit zu schenken, und eben dies unterscheidet letzteren von den Tieren und gibt ihm seine spezifische Würde. Dieser Gedanke wurde in vielfältiger Weise zur Grundlage einer christlichen Anthropologie. Für den frühchristlichen Denker Origenes beispielsweise ist der Mensch frei, indem er in einer grundlegenden Weise auf Gott als das Gute schlechthin ausgerichtet ist, und es ist seine Lebensaufgabe, den ‚göttlichen Geist‘, der in ihm wohnt, zur Wirkung auch in der Welt kommen zu lassen. Dieser Gedanke wurde später in der byzantinischen Theologie noch dahingehend vertieft, dass dem Menschen die Möglichkeit und Aufgabe seiner fortschreitenden Angleichung an „die Natur bzw. Person des Menschen im Gottmenschen Christus" gegeben ist. So wird „Freiheit … die eigentliche (göttliche) Weise des Menschen, zu sein, nämlich als Person".[53] Die Personalität des Menschen wurde also aus der Personalität Gottes abgeleitet und damit der bereits in der Schöpfungsgeschichte zu findende Gedanke der *Gott-Ebenbildlichkeit des Menschen* auf eine neue Stufe gehoben. Diese *metaphysische* Perspektive wurde für die mittelalterliche und neuzeitliche Bestimmung der *Person als Inbegriff menschlicher Freiheit* wegleitend.[54]

Für die abendländische Entwicklung wurde jedoch zunächst der lateinische Kirchenvater *Augustinus* maßgebend. Sein Denken kreiste nicht um die unmittelbare Gottesbeziehung des Menschen, sondern um dessen *Sündhaftigkeit*. In Auseinandersetzung mit dem Manichäismus, der das Böse als ein selbständiges Gegenprinzip zum Guten postulierte, formulierte er die Freiheit des Menschen als ‚liberum arbritrium‘, als ‚freier Wille‘, oder als Vermögen, zwischen Alternativen zu wählen und sich zu entscheiden. Das Böse entspringt dieser Auffassung zufolge nicht einem eigenständigen Prinzip, sondern „allein dem freien Wollen der Menschen. Dieses böse Wollen ist aber, weil Verfehlen des Gesollten, nicht Ausdruck der Macht, sondern der Ohnmacht des Menschen, die ihrerseits eine Folge der Ursünde ist".[55]

Die Augustinische Problemstellung des *Freien Willens* bestimmte in der Folge den Hauptstrang des mittelalterlichen Nachdenkens über Freiheit, bis hin zu Luther, der gegen die Radikalisierung der Willensfreiheit mit seiner Schrift „De servo arbitrio" opponierte. Eine breite mittelalterliche Auseinandersetzung über das Verhältnis von menschlicher *Natur* und göttlicher *Gnade* setzte sich im calvinistischen Prädestinationsglauben einerseits und im sog. Gnadenstreit zwischen Dominikanern und Jesuiten andererseits fort.

Doch für unsere Thematik ist der andere, mit dem Begriff der *Person* verbundene Denkstrang der wichtigere. Er wird im wesentlichen durch die franziskanische Tradition des mittelalterlichen Denkens von Alexander von Hales über Bonaventura zu Duns Scotus und Wilhelm von Ockham repräsentiert, welche wesentliche Momente des neuzeitlichen Freiheitsdenkens präformiert haben.[56] Die entscheidende Weichenstellung ergibt sich hier aus der von Alexander von Hales eingeführten *Unterscheidung des natürlichen, des rationalen und des moralischen Seins.* Die Kategorie der Substanz wurde nun der natürlichen, die Kategorie der Vernunft der rationalen und die Kategorie der Person der moralischen Ordnung des Seins zugeordnet.

Die Person wurde hier als ‚ens morale' bestimmt, d. h. *was eine Person ist, lässt sich nur aus ihrem Verhältnis zu anderen Personen bestimmen, und dieses Verhältnis äußert sich im Willen zur Anerkennung der je spezifischen Würde, welche ihr in ihrer Eigenart zukommt.* Dieser Gedanke wurde zunächst wiederum trinitätstheologisch entwickelt, d. h. er sollte das Verhältnis der göttlichen Personen ausdrücken, doch er enthält in seiner Übertragung auf den Menschen bereits die wesentlichen Elemente des neuzeitlichen Zusammenhangs von menschlicher Freiheit als Sittlichkeit, d. h. der frei gewollten Anerkennung der Freiheit des Mitmenschen als Bedingung der eigenen Freiheit bei Hegel.

Hier wurde also zum ersten Mal die Eigenständigkeit menschlicher Ordnung in Abhebung von der natürlichen Ordnung bedacht, und diese Differenz entsteht aus der Anerkennung der Freiheit als spezifischer Differenz der Person im Verhältnis zur Vernunft und zur Natur.[57] Menschliches Handeln ist nicht primär technischer oder rationaler, sondern moralischer Natur, weil es Ausdruck des autonomen Willens ist. Und in dieser Fähigkeit zur Freiheit besteht die Würde des Menschen, auf die Pico della Mirandola in seinem neuerdings viel zitierten, jedoch aus dieser Perspektive weniger innovativen denn als Brücke zur Neuzeit wichtigen Traktat „De dignitate hominis" rekurrierte.[58]

Die Bestimmung des Menschen als ‚ens morale', d. h. als rechtsfähige Person, fand in der Folge ihre praktische Ausformulierung im scholastischen Naturrechtsdenken der Spanier, etwa bei Francisco Suarez, und von dort fand es über Hugo Grotius Eingang in die Naturrechtslehren der Aufklärung.[59]

Dieser Transfer einer ursprünglich theologischen Lehre in den philosophischen Zusammenhang der Aufklärung stellt einen wesentlichen Aspekt dessen dar, was gemeinhin unter dem Begriff der Säkularisierung abgehandelt wird, dazu unten mehr. *Dass der aufklärerische Mensch sich selbst als autonomes Wesen verstehen kann, wird nur verständlich vor dem Hintergrund einer ursprünglich am Wesen des transzendenten Gottes gewonnenen Idee der Autonomie.* Dies hat auch Hegel deutlich gesehen: „Dass aber der Mensch an und für sich frei sei, seiner Substanz nach, als Mensch frei geboren – das wusste weder Plato noch Aristoteles. … Erst in dem christlichen Prinzip ist wesentlich der individuelle persönliche Geist von absolutem Werte. … In der christlichen Religion kam die Lehre auf, dass vor Gott alle Menschen frei, dass Christus die Menschen befreit hat, sie vor Gott gleich, zur christlichen Freiheit befreit sind. Diese Bestimmungen machen die Freiheit unabhängig von Geburt, Stand, Bildung usf. Und es ist ungeheuer viel, was damit vorgerückt worden ist."[60]

2. Die strukturelle Bedeutung des Christentums für die modernisierende Transformation der europäischen Gesellschaft

Wir haben bisher die kulturell-geistigen Impulse verfolgt, die vom christlichen Freiheitsdenken ausgegangen sind und bis zur Anerkennung unveräußerlicher Menschenrechte in den modernen Verfassungen, ja selbst durch die Vereinten Nationen in der Allgemeinen Menschenrechtserklärung und im Pakt der Menschen- und Freiheitsrechte auf Weltebene geführt haben. Dieser kulturelle Entwicklungsprozess vollzog sich jedoch in Wechselwirkung mit strukturellen Veränderungen der abendländischen Gesellschaft, welche wir nunmehr in aller Kürze unter dem Gesichtspunkt der Wirksamkeit christentümlicher Eigenarten in Betracht zu ziehen haben. Hierzu ist auf gesellschaftstheoretische Überlegungen zurückzugreifen.

2.1 Die Massivität traditionaler Sozialzusammenhänge

Vormoderne Gesellschaften sind durch sogenannte segmentäre Gesellschaftsstrukturen gekennzeichnet, d. h. ein kulturell und sozial akzeptables Leben setzt die Eingliederung in ein bestimmtes soziales Segment – insbesondere in einen bestimmten hauswirtschaftlichen Verband – und in einen bestimmten Herrschaftsbereich voraus. Die uns hier interessierenden Hochkulturen beruhten seit jeher auf der *Landwirtschaft als dominantem Produktions- und Versorgungszusammenhang,* und diese ist nahezu zwangsläufig räumlich, d. h. *durch unterschiedliche Rechte an Grund und Boden geordnet.* Die Bevölkerung war sesshaft, und eben deshalb ganz in einen bestimmten Sozialverband integriert.

Hochkulturelle ‚Reiche‘ entstanden seit dem 3. Jahrtausend vor Christus vor allem im Gebiet des Nils sowie von Euphrat und Tigris. Hier gewann das menschliche Zusammenleben eine höhere Komplexität. Dementsprechend entwickelten sich hier auch höhere Formen der Religion, sowie Schriftlichkeit als Medium, welches wesentliche Aspekte des geltenden Wissens – insbesondere bezüglich des Rechts und der Religion – festzuhalten gestattete. Soweit uns solche schriftlichen Zeugnisse erhalten geblieben sind, erlauben sie uns einen gewissen Einblick in das damalige Selbst- und Weltverständnis. Charakteristisch ist dabei die enge Verknüpfung von religiöser und politischer Herrschaft, ja vielfach galt der König selbst als göttliches Wesen, von dem die gute Ordnung der Gesellschaft abhängt.

Von individueller Freiheit konnte hier keine Rede sein. Es herrschte eine dichte soziale Kontrolle, und die im Regelfalle mündliche Weitergabe von Traditionen setzte einen hohen Grad an Homogenität des Wissens voraus. Der Mensch erfuhr sich hier nicht als „Individuum", d. h. wörtlich als „Unteilbares", sondern als Teil eines größeren Ganzen. Wir können davon ausgehen, dass diese umfassenden lebensweltlichen Arrangements eine hohe Kohärenz aufwiesen, der sich niemand entziehen konnte. Ein Leben außerhalb von Gruppenzugehörigkeiten war praktisch kaum möglich, und ein dichtes Kollektivbewusstsein legitimierte und schützte den sozialen Zusammenhang. *Wie also konnte es überhaupt zur Sprengung derartiger Zusammenhänge im Sinne einer freiheitsförderlichen Entwicklung kommen?*[61]

2.2 Die Ermöglichung religiöser Distanz

Auch die jüdische Religion ist entstanden als Religion eines Volkes, das unter der Führung Davids um 1000 v. Chr. ein eigenes Reich gründete, welches in der Folge von den Assyrern und Babyloniern zerstört worden ist. Aber *der Gott dieses Volkes war nie mit der politischen Herrschaft identisch*; vielmehr war er der unsichtbare, der eigentliche Herr des Volkes, der im übrigen nicht nur zum Volke, sondern auch zu bestimmten Individuen – wie Abraham, Hiob oder den Propheten – gesprochen und an ihren persönlichen Glauben appelliert hat. *Gerade darin liegt in religionsvergleichender Sicht das grundsätzlich Neue der jüdischen und in der Folge der christlichen Religion: Sie sind nicht bloßer Kult, sondern sie verlangen ‚Glauben'.*[62] Das Judentum dürfte auch einer der frühesten Fälle sein, wo sich ein sozialer Verband im wesentlichen durch seinen religiösen Glauben und nicht durch politische Vergemeinschaftung seine Identität durch die Jahrhunderte bewahrt hat.

Was das Christentum betrifft, so ist es in weitestgehender Distanz zu den herrschenden politischen Verhältnissen entstanden, wurde jedoch durch die ‚konstantinische Wende‘ selbst zum Bestandteil der herrschenden Verhältnisse (vgl. II.3). Allerdings hat sich das für die einzelnen christlichen Bekenntnisse aufgrund ihrer unterschiedlichen regionalen Verteilung sehr verschieden ausgewirkt. Im byzantinischen Reich kam es zu einer erneuten Symbiose zwischen Religion und Politik, insofern das byzantinische Kaisertum sich nicht nur in der von Konstantin begründeten Tradition als Schutzherr der Kirche verstand, sondern von Seiten der Theologie selbst in die Rolle des an Gottes Statt die Geschicke des Gemeinwesens lenkenden Herrschers gehoben wurde: „Gott bringt durch sein göttliches Walten die Schöpfung in eine geordnete Harmonie, die unter seiner absoluten Herrschaft steht; auf ähnliche Weise bringt der Kaiser die Menschheit im Rahmen eines universellen christlichen Staates in eine geordnete Harmonie, die unter der kaiserlichen absoluten Herrschaft steht."[63]

Im Westen dagegen fiel die Durchsetzung des Christentums mit dem Zusammenbruch der kaiserlichen Ordnung und dem Eindringen der ‚Barbaren‘ zusammen. „Die Bekehrung zum Christentum war Teil des Vorgangs, durch den die Germanen – wenigstens bis zu einem gewissen Grade – romanisiert wurden und dadurch imstande waren, mit den Bürgern des römischen Reiches zusammenzuleben."[64]. Die Kirche nahm dabei eine distanzierte Haltung zur politischen und sozialen Verfassung Roms ein und erleichterte dadurch die Christianisierung der Eindringlinge. Das historisch wirkungsvollste Dokument dieser Distanz ist Augustinus „De Civitate Dei".

Der Bischof von Rom gelangte dank dieser Situation in eine weitgehend autonome Position, aus der sich das Selbstverständnis des Papsttums entwickelt hat.[65] Dieses Selbstverständnis äußerte sich schon Ende des 5. Jahrhunderts in der

Zwei-Gewalten-Lehre des Papstes Gelasius I., der zufolge dem Kaiser und dem Bischof von Rom unterschiedliche Aufgaben zukämen. Der Kaiser habe in Dingen, die den Glauben und die kirchliche Disziplin betreffen, der „geheiligten Autorität der Bischöfe" zu gehorchen. Aber es dauerte noch rund 600 Jahre, bis diese Lehre – nunmehr verdichtet zum monokratischen Anspruch des Papsttums – historisch wirkmächtig werden konnte.

Was im Vorangehenden über das Leben im alles umfassenden Sozialverband gesagt wurde, galt auch für das Frühmittelalter. In den germanischen Reichen entwickelte sich die sog. *Lehensordnung*, der zufolge unterschiedliche Rechte an Grund und Boden bestanden, die vom obersten Lehensgeber – in der Regel einem König – abgeleitet wurden.[66] Wie schon innerhalb des byzantinischen Reiches so entstand auch innerhalb des fränkischen Reiches seit der Kaiserkrönung Karls des Großen durch Papst Leo III. (800) eine enge Symbiose zwischen geistlicher und weltlicher Gewalt. Dabei verstand sich Karl der Große in der Nachfolge des israelitischen Königs David und fühlte sich auch für die kirchlichen Verhältnisse verantwortlich, d. h. er suchte die Zuständigkeit des Papstes auf die rein geistlichen Belange zu beschränken.[67] So entwickelte sich innerhalb des fränkischen und nachher auch des deutschen Kaiserreiches eine *politische Oberhoheit über die Kirche*, die sich auch in der Einsetzung (Investitur) der geistlichen Herren – Bischöfe, Äbte u.ä. – äußerte. Von der Mitte des 9. bis zur Mitte des 11. Jahrhunderts war überdies das Papsttum tief in die gewaltsamen Konflikte der römischen Geschlechterherrschaft verstrickt, so dass ihm schon von daher geringe Autorität zukam. Es waren deutsche Kaiser, die sich zuerst um eine Reform der Kirche bemühten. Diese Reforminitiativen führten jedoch nicht nur zu einer Wiederherstellung der gesamtkirchlichen Autorität des Papsttums, sondern gleichzeitig zu einem tiefgreifenden Konflikt zwischen Kaiser und Papst, den Eugen Rosenstock-Huessy als die erste abendländische Revolution bezeichnet hat.[68]

2.3 Der Investiturstreit

Damit gelangen wir zum *Ausgangspunkt der institutionellen Freiheitsgeschichte Europas*. Die Forderung nach „libertas" war nämlich ursprünglich keine Forderung des einzelnen, sondern die Forderung bestimmter Korporationen, und allen voran der religiösen.

Schon im 10. Jahrhundert entstand in Frankreich und Deutschland eine religiöse Reformbewegung, die wesentlich breiter war als die heute zumeist erinnerte cluniazensische Klosterreform. Infolge einer Reihe unfähiger Herrscher war das Karolingerreich schwach geworden; die Bischofswürde von Rom war zum Streitgegenstand römischer Adelsgeschlechter verkommen; Normannen, Sarazenen und Ungarn hatten weite Landstriche Westeuropas bei ihren Beutezügen geplündert und zerstört; in weiten Gebieten lagen die Grundherren in permanenter Fehde untereinander, das Raubrittertum florierte. Selten lässt sich in der Geschichte des Abendlandes so sehr eine direkte gesellschaftliche Wirkung christlichen Gedankenguts und kirchlicher Führerschaft feststellen wie in dieser Situation. Es war vor allem die Aufforderung, wenigstens an kirchlichen Feiertagen den *Gottesfrieden* zu wahren, deren Befolgung zu einer Begrenzung des Fehderechts und in der Folge zur allmählichen Wiederherstellung von Ordnung im Sinne eines *politischen ,Landfriedens'* führte. Gleichzeitig wurden die Klöster zu Zentren des Wiederaufbaus und der Kultur. Bemerkenswert ist jedoch, dass diese Reformbewegungen nicht allein von den Klöstern, sondern ebensosehr von den Laien, sprich: den Lehensherren ausgingen, und als solcher verstand sich auch der Kaiser gegenüber dem Papsttum. So haben sich die Kaiser Otto III., Heinrich II. und Heinrich III. um die *Wiederherstellung des Papsttums als reichsweitem Sacerdotium* und um die Kirchenreform bemüht. Dies nahm jedoch eine überraschende, die Kirchenhoheit des Kaiser in Frage stellende Wendung.

Im Jahre 909 war in Burgund die Abtei Cluny gegründet worden, und zwar mit für jene Zeit ungewöhnlichen Privilegien: Papstunmittelbarkeit, Unverletzlichkeit des Klostergutes und freie Abtswahl durch die Mönche. Üblicherweise gehörte das Klostergut in jener Zeit einem weltlichen Lehensherrn, der auch die Äbte einsetzte, häufig seine unverheirateten Verwandten. Ähnliches galt auch für die Bischofssitze, und nicht selten wurden zudem erhebliche Summen für die Erlangung kirchlicher Ämter gefordert und bezahlt (Simonie). *Die politische und ökonomische Unabhängigkeit kirchlicher Einrichtungen wurden zum Leitbild der cluniazensischen Reformbewegung, welche die „libertas ecclesiae", die Freiheit der Kirche von der politischen Herrschaft der Zeit forderte.* Als entscheidendes Moment galt dabei die Forderung, dass geistliche Ämter nur von Klerikern und durch Kleriker verliehen werden dürften. Dem stand jedoch das hergebrachte Lehensrecht entgegen.

Der Streit eskalierte, als der Cluniazenser-Mönch Hildebrand im Jahre 1073 als Gregor VII. zum Papst gewählt wurde. Charakteristischerweise forderte er in seinem ‚Dictatus papae' (1075) nunmehr seinerseits die Oberhoheit über den Kaiser: Das Kaisertum sollte ein Lehen der Kirche werden. *Beide Parteien gingen somit von einer eindimensionalen Vorstellung von Herrschaft aus, in der geistliches und weltliches Element ungeschieden enthalten waren.* Diese unversöhnbaren Positionen führten zur Absetzung des Papstes durch den Kaiser und zur Bannung des Kaisers durch den Papst und entfesselten jenen furchtbaren reichsweiten Bürgerkrieg, der als Investiturstreit in die Geschichte eingegangen ist.[68a]

Auf der Basis der bisherigen Rechtsauffassungen gab es keine Lösung dieses Streits, denn Kaiser und Papst beanspruchten gleichermaßen das Recht, Bischöfe und Äbte einzusetzen. In diesem Konflikt entwickelte sich allmählich die *Unterscheidung zwischen den geistlichen und den weltlichen Funktionen* der Prälaten, und es kam schließlich zu einem innovativen Kompromiss im Rahmen des sog. Wormser Konkordates von 1122, nämlich zur Trennung zwischen kirchlicher Weihe und Lehensübertragung. Die Investitur eines Bischofs oder Abtes vollzog sich ab dann als zweistufiger Prozess: Der König oder Lehensherr übergab die Lehensrechte (ausgedrückt durch das Zepter), die die Weihe vollziehenden Kleriker übergaben Ring und Stab als Ausdruck der geistlichen Gewalt.

Damit gelang etwas bisher nie Dagewesenes, nämlich die institutionelle Differenzierung zweier gleichberechtigter, unabhängiger Gewalten auf ein und demselben Territorium. Die schon alte Unterscheidung zwischen ‚regnum‘ und ‚sacerdotium‘ fand nun eine klare Abgrenzung und Komplementarität, welche bis dahin gefehlt hatte. Wir können dies auch als die erste Form einer funktionalen Differenzierung innerhalb des gesellschaftlichen Ganzen bezeichnen. Die Differenz zwischen ‚geistlich‘ und ‚weltlich‘ wurde zum Anknüpfungspunkt für die Zuweisung unterschiedlicher Funktionen an Kaiser und Papst, und *dieses Prinzip hat in der Folge Schule gemacht und die institutionellen Bedingungen einer freiheitlichen Gesellschaft ermöglicht.* Das Wormser Konkordat war die entscheidende Weichenstellung für den Prozess funktionaler Gesellschaftsdifferenzierung, der gemäß der neueren soziologischen Gesellschaftstheorie als zentraler Mechanismus der Modernisierung gelten kann.[69]

2.4 Anfänge der funktionalen Gesellschaftsdifferenzierung

Während ältere Gesellschaftsformen hierarchisch, z. B. nach Ständen, strukturiert waren, es also das Prinzip der Über- und Unterordnung und der Unterschiedlichkeit der Rechte für bestimmte Stände war, das die Struktur der Gesellschaft bildete, sind es in modernen Gesellschaften die unterschiedlichen gesellschaftlichen Teilsysteme wie Wirtschaft, Politik, Wissenschaft oder Religion, welche die Grundstruktur der Gesellschaft ausmachen. Damit sind die Menschen nun nicht mehr in eine bestimmte soziale Einheit eingegliedert, sondern sie haben als Individuen an den unterschiedlichen gesellschaftlichen Teilsystemen teil – oder zumindesten müssten sie an ihnen teilhaben können, um ein befriedigendes Leben nach den herrschenden kulturellen und sozialen Normen zu führen. Die Transformation von einer hierarchisch zu einer funktional strukturierten Gesellschaft wurde durch die Unterscheidung und institutionelle Trennung von geistlicher und weltlicher Gewalt eingeleitet. Ernst-Wolfgang Böckenförde hat die Konsequenzen dieser Trennung richtig beschrieben, wenn er von der „Entstehung des Staates als Vorgang der Säkularisation" spricht.[70]

Dadurch, dass diese primär religiöse Refombewegung rasch in die weltlichen Verhältnisse verstrickt wurde, hat sie nachhaltig zu den damals auf breiter Ebene in Gang kommenden Veränderungen beigetragen. Etwa gleichzeitig mit dem Investiturstreit ermöglichte die Einführung der Drei-Felder-Wirtschaft agrarische Überschüsse und damit das Wiedererstehen städtischer Zentren, die im Frühmittelalter weitgehend zerfallen waren. Unmittelbar ausgehend von der mönchischen Bildung entwickelten sich Theologie, Philosophie und Jurisprudenz als die Kernfächer der entstehenden Universitäten. Die Baukunst nahm mit der Romanik erstmals seit dem Altertum einen neuen Aufschwung. Das 11. und 12.

Jahrhundert ist somit auf der ganzen Breite der Entwicklungen eine *Achsenzeit*, in der die Grundlagen für neuzeitliche Entwicklungen gelegt wurden.[71]

Einmal abgesehen von den unmittelbar religiösen Impulsen, die das mittelalterliche Leben in hohem Maße bewegt haben, interessiert in unserem Zusammenhang *die Wirkung der stabilisierten Spannung zwischen geistlicher und weltlicher Gewalt*. Sie äußerte sich in Jahrhunderte dauernden Kontroversen zwischen den Intellektuellen der Zeit, die bald der kaiserlichen, bald der päpstlichen Partei nahestanden. Die wechselseitige Anerkennung der beiden Gewalten verhinderte jedoch weithin die Unterdrückung ihrer Meinungen und führte zum *Prinzip der Wahrheitssuche in freier Disputation*, das für die abendländische Universität stilprägend wurde. Von den Auseinandersetzungen zwischen Klerus und Adel profitierten weiterhin die Städte in ihrer Entwicklung, und bald suchten auch sie ähnliche „Freiheiten" gegenüber dem Adel zu erreichen, wie dies den kirchlichen Einrichtungen gelungen war. Die bürgerliche Stadt wurde so zur Keimzelle kollegialer und partizipatorischer Regierungsformen und zur Infrastruktur für die Entstehung von Märkten und die Ausbreitung des überregionalen Handels. Sie gab auch den Individuen größere Rechte – „Stadtluft macht frei"! *Die wechselseitige Begrenzung der geistlichen und der weltlichen Gewalt ermöglichte somit neuartige Handlungsspielräume*, die zur Entwicklung neuer Differenzen zwischen Stadt und Land, zwischen den Korporationen jeglicher Art – im Sinne einer fortschreitenden Autonomisierung und Arbeitsteilung innerhalb der Städte führte. Das flache Land hingegen blieb weiterhin in der Hand der geistlichen oder weltlichen Grundherren, deren Zahl sich jedoch in den Krisen des Spätmittelalters drastisch reduzierte und zum allmählichen Übergang von der Grundherrschaft zur Landherrschaft und damit zur Vorstufe des modernen Staates führte.

3. Die Entwicklung des modernen Staates und das Christentum

Wir haben bisher zwei Momente betrachtet, die für die Sprengung der alles umfassenden, aus moderner Sicht ‚totalitären‘ archaischen Lebenformen von Seiten des Christentums ausgingen: Zum einen die Entwicklung der Idee der Freiheit selbst und ihre Verknüpfung mit der Bestimmung des Menschen als Ebenbild Gottes und damit als Person. Und zum anderen die dynamisierende Wucht eines transzendenten Gottesglaubens, als dessen Sachwalter die römische Kirche in der Nachfolge der jüdischen Propheten sich zu einem die politische Herrschaft konkurrenzierenden und sie gleichzeitig begrenzenden Prinzip entwickelte. Wir wollen nun abschließend die Folgen dieser Konstellation für den Prozess der europäischen Staatsentwicklung betrachten.

3.1 Landeskirchentum und Absolutismus als Regressionen

Es wurde bereits angedeutet, dass die frühmittelalterliche Form der Grundherrschaft sich durch Arrondierungsbestrebungen und insbesondere durch die von einer Abkühlung des Klimas, von Pest und Hungersnöten ausgelöste „Krise des Spätmittelalters" allmählich zur Landherrschaft, d. h. zur Herrschaft über ein zusammenhängendes größeres Territorium veränderte. So bildeten sich in Frankreich, England und Skandinavien größere Königreiche, während innerhalb des Deutschen Reiches die sog. Fürstenstaaten entstanden. Die Bemühungen der Reformatoren des 16. Jahrhunderts, die sich nunmehr selbst durch Ämterverkauf (Simonie) und Ablasshandel finanzierende Papstkirche zu reformieren, führten in Verbindung mit der multipolar gewordenen Politik zur Kirchenspaltung und zur erneuten *Instrumentalisierung der christlichen Religion zu Zwecken der politischen Integration.*

Gegen die Reformation artikulierte das gegenreformatorische Papsttum erneut seinen politischen Führungsanspruch, ohne allerdings auch nur gegenüber den katholischen Fürsten Erfolg zu haben. Die Theoretiker der neuen staatlichen Herrschaftsformen, etwa Macchiavelli, Bodinus, Botero und Hobbes, legitimierten den Fürsten als souveränen Sachwalter der Macht im Interesse seiner Untertanen „von Gottes (und nicht des Papstes Anm. d. Verf.) Gnaden", der jedoch selbst an keinerlei Gesetze gebunden sei. So entwickelte sich die Idee des absolutistischen Staates. Besonders deutlich wurde die Einheit von geistlicher und weltlicher Gewalt im Landeskirchentum der anglikanischen und der lutherischen Reformation wieder hergestellt. Gegen alle Formen der Verbindung von „Thron und Altar" wandte sich die Aufklärung, vor allem in Frankreich. Sie bereitete den Boden für die bürgerliche Revolution von 1789, welche jedoch bald in Terror umschlug und zu den das ganze 19. Jahrhundert durchziehenden Auseinandersetzungen zwischen dem monarchischen und dem demokratischen Staatsprinzip führte.

An dies alles sei nur erinnert, um erneut nach der *Wirksamkeit christlicher Ideen und kirchlicher Politik* zu fragen. Auf den ersten Blick haben zum mindesten die katholische Kirche und das lutherische Bekenntnis weit mehr zur Stabilisierung der zum Absolutismus neigenden Staatswesen als zu ihrer Begrenzung beigetragen. Auch in England ging die Begrenzung der Königsmacht nicht von der seit Heinrich VIII. ja königsabhängigen Kirche, sondern vom Adel und dem entstehenden Bürgertum aus; und ähnliches gilt für Schweden. In den sogenannten Konfessionskriegen des 16. und 17. Jahrhunderts strukturierten zwar die konfessionellen Differenzen meist die Anlässe der Kriege, aber im wesentlichen ging es um die Machtverhältnisse in und zwischen den sich gerade in diesen Auseinandersetzungen verfestigenden Staaten. *Und es war die Erfahrung der Konfessionskriege, welche die gleichzeitig sich bildende säkulare Staatstheorie zur Ausklammerung aller religiösen Gesichtspunkte aus der Ordnung der politischen Dinge veranlasste.* So gelangte Thomas Hobbes zur Forderung nach dem absoluten Souverän, der mit großer Macht den Bürgerkrieg zwischen Überzeugungsparteien verhindert, indem er sich über die weltanschaulichen Gegensätze erhebt und für Frieden und Sicherheit seiner Untertanen sorgt.

Schon ein Jahrhundert vor ihm hatten französische Juristen ihrem König geraten, auf eine Stellungnahme im Konfessionsstreit zu verzichten und seinen Untertanen Gewissensfreiheit unter der Bedingung der Anerkennung seiner Herrschaft zu gewähren.[72] Heinrichs IV. Edikt von Nantes (1598) zugunsten der Hugenotten war die erste Verwirklichung des Grundsatzes der *Toleranz als Staatsmaxime*, doch waren die religiösen und die Machtgesichtspunkte noch allzu sehr ineinander verstrickt, als dass dieser Grundsatz sich hätte schon auf Dauer durchsetzen können. Erst die Aufklärung, die von dieser Strömung des Überdrusses an den politisierten Glaubensstreitigkeiten mitgeprägt wurde, vermochte dem Grundsatz der Toleranz und der Gewissensfreiheit zum Durchbruch zu verhelfen.

3.2 Die spätscholastische Staatskritik als Vorläuferin der Aufklärung

Auch wenn somit sowohl der Herrschaftsanspruch des Papsttums als auch die landeskirchlichen Herrschaftsformen hinter die im Wormser Konkordat erreichten Differenzierungen zurückfielen, so ist doch auf zwei historisch wirkmächtige Ausnahmen, also auf *freiheitförderliche Bewegungen im Christentum* hinzuweisen, von denen die erste bereits kurz erwähnt wurde: Die *spanischen Spätscholastiker,* und hier insbesondere die Jesuiten, gehörten zu den schärfsten Gegnern der absolutistischen Staatstheorien und wiesen mit ihren theologisch begründeten natur- und völkerrechtlichen Auffassungen weit in die Zukunft. So postulierten sie das Selbstbestimmungsrecht der Völker über ihre Regierungsform, also die Volkssouveränität statt der Fürstensouveränität, und plädierten für eine Kontrolle der Staatsgewalt; einige bejahten sogar ein Widerstandsrecht gegen ungerechte Herrschaftsformen. Sie lehnten die päpstlich-kurialistische These von der direkten Zuständigkeit der Kirche für weltliche Dinge ab und plädierten für die Anerkennung der Rechtsfähigkeit auch der nichtchristlichen Völker und für die Abschaffung der Sklaverei. Was ihrer Staatstheorie gegenüber derjenigen der Aufklärung noch fehlte, war die voluntaristische Staatsbegründung und die individualistische Fassung der Menschenrechte als Freiheitsrechte. Sie sahen unter der Prämisse einer gerechten Herrschaft noch keinen strukturellen Gegensatz zwischen dem einzelnen und dem Gemeinwesen.[73]

Ihre Positionen wurden insbesondere von den calvinistischen Gegnern des Königtums in Frankreich, aber auch von deutschen und schottischen Staatsdenkern übernommen. Keine andere vorliberale politische Theorie legitimierte eine ähnlich entschiedene Gegnerschaft gegen den absolutistischen Staat wie die Staatslehre der Jesuiten. Das lässt auch ihr späteres, seitens der europäischen Fürsten vom Papst erzwungenes Verbot in einem neuen Licht erscheinen.[74]

3.3 Der Einfluss des Calvinismus

Unsere bisherigen Überlegungen haben verdeutlicht, wie von Seiten des lateinischen Christentums eine teils theoretisch begründete, teils durch die praktische Konkurrenz der Gewalten ausgelöste *staatsbegrenzende Wirkung* ausging, die übrigens noch im 19. Jahrhundert als Parallelwirkung von Liberalismus und dem Kampf der katholischen Kirche um Autonomie zu beobachten ist. *Wie aber kam es zum Durchbruch des indi-*

vidualistischen Verständnisses der Freiheitsrechte, dem die gesamte katholische Kirche bis zum Zweiten Vatikanischen Konzil ablehnend gegenüberstand? Hier kommen wir auf die zweite Ausnahme zu sprechen, nämlich auf das Staatsverständnis des Calvinismus.

Der *Konflikt zwischen dem einzelnen und dem Gemeinwesen* artikulierte sich zuerst und am entschiedensten im Gewissenskonflikt der täuferischen und calvinistischen Abweichler (*Dissenters*) zu den konfessionalisierten Herrschaftsformen. Hierauf bezogen scheint die These Georg Jellineks, dass das unveräußerliche und staatsunabhängige Recht des Gewissens den Ausgangspunkt der individualistischen Naturrechtslehre bilde, bis heute nicht überholt.[75]

Die Lehre, dass das persönliche Gewissen, auch das objektiv irrige persönliche Gewissen, für das Handeln des einzelnen die letztverpflichtende und ihn rechtfertigende Instanz sei, ist zwar bereits im Hochmittelalter bei Thomas von Aquin zu finden. Ihre historische Wirkmächtigkeit gewann sie aber erst unter den Calvinisten in Schottland und in den Niederlanden. Um die Eigenarten ihres Glaubens und ihrer Gemeindeorganisation zu sichern, forderten sie vom englischen König die garantierte Freiheit nicht nur des Gewissens, sondern auch des öffentlichen Bekenntnisses und des Kultes. *Im Unterschied zum Katholizismus wie zum Luthertum stellte Calvins politische Theorie monarchische Herrschaft grundsätzlich in Frage*,[76] und die in der Folge vor allem in den Vereinigten Staaten wirksam werdende kongregationalistische Richtung sah in der demokratisch verfassten und sich unter den unmittelbaren Willen Gottes stellenden ‚Heiligen Gemeinde' die angemessene Form religiöser und politischer Vergemeinschaftung.

Diese Richtung musste sozusagen zwangsläufig mit den dominierenden Formen der Fürstenherrschaft in Konflikt geraten und war daher unter den im 17. Jahrhundert nach Amerika auswandernden *Dissenters* besonders stark vertreten. Berühmt wurde der mit dem biblischen Begriff des ,Covenant' (Bund) bezeichnete ,Mayflower-Compact', den die sich selbst als ,Pilgrim Fathers' bezeichenden ersten Auswanderer 1620 als Grundlage ihres Zusammenlebens beschworen: „mutually and in the presence of god and one of another."[77]

Die kongregationalistische Richtung des Calvinismus hat das politische und religiöse Leben in Neuengland nachhaltig geprägt, und zwar nicht zuletzt infolge des Umstandes, dass auch andere reformierte Richtungen ins Land strömten. Dies führte zu religiösen Konflikten, die jedoch – anders als im Mutterland England – nach längeren Auseinandersetzungen mit den Grundsätzen der Gewissens- und Kultusfreiheit sowie der Trennung von Kirche und Staat gelöst wurden.[78] Entsprechende Entscheidungen waren auf der Ebene mehrerer Einzelstaaten längst gefallen, als im Anschluss an die amerikanische Unabhängigkeitserklärung die Einzelstaaten sich erste Verfassungen mit entsprechenden Menschen- und Bürgerrechtskatalogen gaben. Von hier aus gelangten die Normen in die amerikanische ,Bill of Rights' als dem Vorbild für die Grundrechtskataloge europäischer Verfassungen.

In der amerikanischen Unabhängigkeitserklärung von 1776 findet sich die klassische Formulierung des institutionellen Ergebnisses der europäischen Freiheitsgeschichte: „Wir halten die folgenden Wahrheiten für offenkundig, dass alle Menschen als Gleiche geschaffen sind, dass sie von ihrem Schöpfer mit bestimmten unveräußerlichen Rechten ausgestattet sind, zu denen das Recht auf Leben, auf Freiheit und das Streben nach Glück gehören. Dass zur Sicherung dieser Rechte Regierungen unter den Menschen geschaffen wurden, welche ihre rechtmäßige Macht von der Zustimmung der Beherrschten ableiten. Dass, wann immer eine Regierungsform diese Ziele zerstört, es das Recht des Volkes ist, sie zu verändern oder abzuschaffen und eine neue Regierung einzusetzen, sie auf solche Prinzipien zu gründen und ihre Macht in solcher Form zu organisieren, dass sie am besten geeignet scheint, ihre Sicherheit und ihr Glück zu bewirken."

Was die Unabhängigkeitserklärung voraussetzt, aber nicht erörtert, das sind die *personalen Voraussetzungen,* unter denen eine solche Freiheitsordnung nur möglich ist. Sie wurden zuerst im theologischen Begriff der *Person* als einem moralischen, d. h. von der Sehnsucht nach dem göttlichen Guten beseelten, freien Wesen gedacht. Das „Recht auf Verfolgung des eigenen Glücks" stellt hiervon nur noch einen schwachen Abglanz dar, der völlig verschwindet, sobald das Glück als eine rein subjektive Größe verstanden wird. Auch das ist ein Aspekt der sogenannten Säkularisierung, von der nun zu sprechen sein wird.

IV. Modernisierung, Säkularisierung und die Verkirchlichung des Christentums

Die gegensätzlichen sozialwissenschaftlichen Deutungen der Aufklärung lassen sich an Auguste Comte und Max Weber veranschaulichen. Comte interpretierte die Entwicklung des menschlichen Geistes optimistisch, als Abfolge von drei Stadien: des theologischen, des metaphysischen und des positiven. Die Aufklärung schränke die Herrschaft der menschlichen Einbildungskraft immer stärker ein und führe dazu, dass das Interesse an friedlicher Entwicklung durch industrielle Arbeit das Zeitalter der Kriege ablöse. Im „positiven Zeitalter" werde „die soziale und moralische Kontrolle von Soziologen übernommen, die sich zu diesem Zwecke als eine neue Priesterschaft konstituieren." Und Comte selbst verstand sich als Hoher Priester der neuen Universalreligion der „Humanité", was wir sowohl mit „Menschheit" wie mit „Menschlichkeit" übersetzen können.[79] In ähnlicher Weise verstand Max Weber die Vorgeschichte der Aufklärung als „Entzauberung der Welt" und hat die Bedeutung des Monotheismus für die Entstehung des modernen Rationalismus in unser Bewusstsein gerückt. Seine Schlussfolgerungen sind jedoch pessimistischer.

Comte setzte an die Stelle der theologischen und metaphysischen Glaubensformen einen neuen Glauben, den *Glauben an die menschliche Vernunft und ihre Fähigkeit, die Gesetze der Welt zu erkennen und sie für rational gestaltendes Handeln nutzbar zu machen*, wie das ja auch im Bereich von Naturwissenschaften und Technik geschehen ist. Für Comte gab es *keinen Unterschied zwischen den moralischen und den natürlichen Tatsachen,* und so verstand er auch die Gesellschaft als einen nach Gesetzen geordneten Naturzusammenhang, dessen sich die aufgeklärte Menschheit zu ihrem Besten bedienen könne.

Max Weber dagegen verwarf unter dem Einfluss Nietzsches diese optimistische Perspektive einer neuen Vernunftreligion und sah im Fortgang der Rationalisierung *ein fortschreitendes Auseinanderdriften zwischen Wissenschaft und Religion:* „Wo immer aber rational empirisches Erkennen die Entzauberung der Welt und deren Verwandlung in einen kausalen Mechanismus konsequent vollzogen hat, tritt die Spannung gegen die Ansprüche des ethischen Postulates: dass die Welt ein gottgeordneter, also irgendwie ethisch *sinnvoll* orientierter Kosmos sei, endgültig hervor. Denn die empirische und vollends die mathematisch orientierte Weltbetrachtung entwickelt prinzipiell die Ablehnung jeder Betrachtungsweise, welche überhaupt nach einem „Sinn" des innerweltlichen Geschehens fragt. *Mit jeder Zunahme des Rationalismus der empirischen Wissenschaft wird dadurch die Religion zunehmend aus dem Bereich des Rationalen ins Irrationale verdrängt und nun erst: die irrationale oder antirationale überpersönliche Macht schlechthin".*[80]

Diesen beiden Diagnosen ist gemeinsam, dass sie das Ende der vernunftgemäßen Macht christlichen Glaubens und christlicher Weltdeutungen konstatieren. Sie unterscheiden sich jedoch grundlegend in der Einschätzung der Ursachen und Konsequenzen dieses Vorgangs. Während für Comte der Vernunft- und Menschheitsglaube Ausdruck des „Aufbruchs aus der selbstverschuldeten Unmündigkeit" (I. Kant) ist, also das Ende eines millenären Emanzipationsprozesses und den Beginn eines neuen, stabilen Zeitalters darstellt, bedeutet für Weber die Entzauberung der Welt das Ergebnis einer ins Prinzipielle gesteigerten religiösen Anstrengung, wie sie stärker noch als bei den Puritanern bei den von ihnen verfolgten Sekten der Quäker oder Baptisten zu finden war, welche sich in einen radikalen Gegensatz zu den Gegebenheiten der Welt zu stellen suchten. Die „Entzauberung der Welt" in den modernen Wissenschaften ist jedoch nicht die Grundlage eines neuen, stabilen Weltverhältnisses, sondern die Unvereinbarkeit der Wertorientierungen, der „ewige Kampf der Götter" bleibt in den Köpfen und Herzen der Menschen bestehen, verliert jedoch gleichzeitig seine weltgestaltende Potenz.[81] Der okzidentale Rationalisierungsprozess führt nicht in das Reich der Freiheit, sondern in das „eherne Gehäuse der Hörigkeit".

Im Gegensatz zu diesen beiden Diagnosen vom Ende der Religion, die hier nur exemplarisch für weitere genannt seien, lässt die Geschichte im 19. und 20. Jahrhundert vielfältige Hinweise auf die fortdauernde Wirksamkeit der christlichen Konfessionen in Europa erkennen, die sich auch in der öffentlichen Auffassung der Religionsproblematik niedergeschlagen haben. Während das römisch-katholische Christentum die aufklärerischen Positionen von Anfang an ablehnte und sich selbst in Kontinuität zu einer triumphalistisch rekonstruierten katholischen Kirchengeschichte verstand, haben sich innerhalb des Protestantismus unterschiedliche Verhältnisbestimmungen zur Aufklärung und den von ihr ausgehenden Legitimationen der Neuzeit herausgebildet. Auch ist schwerlich zu übersehen, dass die Weltmission der Kirchen ausgehend von Europa im 19. und in der ersten Hälfte des 20. Jahrhunderts ihre größten Erfolge gehabt hat. Ohne in Einzelheiten zu gehen, können wir festhalten, *dass sich in Reaktion auf die Aufklärung das Christentum in seinen verschiedenen Bekenntnissen auch in Europa erneut vitalisierte und nachhaltigen Einfluss auf die nunmehr vom Grundsatz der Nationalstaatlichkeit geprägte Geschichte genommen hat.*[82]

Bevor wir uns mit der zeitgenössischen Situation von Kirche, Religion und Christentum auseinandersetzen, sei in diesem Kapitel die Auseinandersetzung zwischen Christentum und Aufklärung und ihr gesellschaftlicher Kontext bedacht, also die Vorbedingungen der gegenwärtigen Situation. Im ersten Abschnitt geht es darum, einige Begriffe zu hinterfragen, in denen diese Auseinandersetzung geführt wurde, nämlich ‚Verweltlichung‘, ‚Säkularisierung‘ und ‚Religion‘. Im zweiten Abschnitt wird soziologisch argumentierend die Veränderung des Christentums im Zuge der Modernisierung skizziert. Im dritten Abschnitt soll von den Folgen der Modernisierung auf der Individualebene die Rede sein. Und schließlich seien einige Anschlussfragen für die Gegenwartsdiagnose formuliert.

1. Säkularisierung und Religion

Die Frage nach der sich offensichtlich verändernden Stellung des Christentums im Zuge der neuzeitlichen Entwicklung wurde im 19. Jahrhundert zunächst unter dem Begriff der ‚Verweltlichung‘ verhandelt, der um die Wende zum 20. Jahrhundert vor allem unter dem Einfluss von Ernst Troeltsch durch das Fremdwort ‚Säkularisierung‘ abgelöst worden ist. Der Begriff der *Verweltlichung* kann als Entsprechung zur aufklärerischen Hoffnung auf ein neues, nicht mehr durch ‚Religion‘ vermitteltes Verhältnis des Menschen zum Ganzen der Welt und ihrer Geschichte verstanden werden, wie dies der Religionskritik schon der französischen Aufklärung, dann aber in reflektierterer Weise bei David Hume, Ludwig Feuerbach und Karl Marx entsprach.[83]

Der Grundgedanke ist hier die *Überwindung des Dualismus von ‚Gott‘ und ‚Welt‘ in der Selbstermächtigung des Menschen als Souverän der Weltgeschichte.* Religion verschwindet als der den Geist des Menschen vernebelnde Schleier, indem ihre Genese psychologisch als Produkt menschlicher Wünsche, insbesondere als Kompensation von Mangelerfahrungen erklärt wird. Die Botschaft von der Inkarnation wurde z. B. bei Feuerbach als ‚Vermenschlichung Gottes‘ *im Menschen* zu Ende gedacht. An die Stelle der Gottebenbildlichkeit des Menschen trat hier die Menschenebenbildlichkeit Gottes, die es zu durchschauen gelte, um die Entfremdung des Menschen von sich und seinesgleichen zu überwinden. Der Mensch versteht sich hier als geschichtliches Wesen, das die Vorgeschichte hinter sich und die Zukunft vor sich, aber keinen Gott mehr über und keinen Teufel mehr unter sich hat.

Die Kategorie der *Säkularisierung* dagegen entstand im Raum der evangelischen Theologie und fand von hier ihren Weg in die Religionsphilosophie und Religionssoziologie. Ihr ältester Sinn war ein kirchenrechtlicher, nämlich die Überleitung eines Mönches in den Stand der ‚Weltkleriker‘; einflussreicher für die Begriffsbildung dürfte jedoch die zuerst bei den zum Westfälischen Frieden (1648) führenden Verhandlungen gebrauchte Bedeutung von Säkularisierung als Überführung von Kirchengut in weltliches Eigentum gewesen sein. Wenn somit die Religionsgeschichte der Neuzeit als ‚Säkularisierung‘ interpretiert wurde, so sollte der religiöse Ursprung dieser Entwicklungen und damit die fortdauernde Relevanz der christlichen Religion betont werden.

Hans Blumenberg hat gegen diese Interpretation der neuzeitlichen Entwicklung mit dem Argument Einspruch erhoben, dass der Begriff der Säkularisierung eine *Enteigung der christlichen Tradition* durch die Aufklärung und damit eine „Kategorie historischen Unrechts" suggeriere. Das aber werde der aus der Selbstermächtigung des Menschen hervorgehenden, eigenständigen Legitimität der Neuzeit nicht gerecht.[84] Damit wird der *ideenpolitische Charakter beider Bezeichnungen* deutlich: Im Begriff der Verweltlichung wird das Christentum in die Vorgeschichte der Neuzeit verwiesen, im Begriff der Säkularisierung wird seine fortdauernde Bedeutung betont. Im folgenden werde ich versuchen, diesen ideenpolitischen Schleier durch begriffsgeschichtliche und gesellschaftstheoretische Überlegungen zu überwinden.

Betrachtet man die Begriffsgeschichte von Säkularisierung,[85] so zeigt sich, dass dieser Begriff sehr unterschiedlich ausgelegt wurde. Gemeinsam ist allen Bedeutungen nur der explizite Bezug auf das *Verhältnis von Religion und Neuzeit*. Die wichtigsten Auslegungen lassen sich wie folgt typisierend zusammenfassen:

1. Säkularisierung als *fortschreitender Relevanzverlust von Religion*. Diese Auffassung ist mit derjenigen der ‚Verweltlichung' inhaltlich verwandt. Allerdings kann dieser Relevanzverlust sowohl emanzipatorisch als auch kulturkritisch gedeutet werden.

2. Säkularisierung als *Verdrängung der kirchlichen Autorität aus den Bereichen weltlicher Herrschaft*. Dies ist ein sehr offenkundiger Aspekt der neuzeitlichen Entwicklung, welcher sich bereits in der Unterscheidung von geistlicher und weltlicher Macht seitens des Wormser Konkordates andeutete (vgl. III.2.3). Dabei hat sich der Bereich staatlicher Zuständigkeiten oder auch der staatlichen Gewährleistungen, z. B. der „Freiheit von Wissenschaft und Kunst" (Art 5, Abs. 3 GG), fortschreitend erweitert. Wir können hier auch mit Hermann Lübbe von einem Kontrollverlust der Religion über die Gesellschaft sprechen.[86]

3. Säkularisierung als gleichzeitige *Enteignung und Bewahrung christlicher Errungenschaften im Rahmen des säkularen Gemeinwesen*. Hier ist insbesondere an die Idee der Freiheit und Gleichheit aller Menschen im Rahmen der Menschenrechtskataloge neuzeitlicher Verfassungen sowie an die Übernahme des Schutzes und der Fürsorge für

Schwache und Arme im Rahmen der Sozialstaatlichkeit zu denken. Aber natürlich finden sich auch in der zeitgenössischen Kultur nach wie vor erhebliche Spuren christlicher Tradition. Trutz Rendtorff spricht in diesem Zusammenhang von einem „Christentum außerhalb der Kirche".[87]

4. Säkularisierung als Voraussetzung einer Entmythologisierung des Glaubens und einer „Vergeistlichung des Säkulums" (E. Troeltsch). Vor allem die dialektische Theologie hat diese *Wiederherstellung der Spannung zwischen dem prophetischen Gehalt der jüdisch-christlichen Botschaft und den weltlichen Verhältnissen* reflektiert und begrüßt.[88]

5. Säkularisierung als *Entchristlichung und Entkirchlichung der Bevölkerung*. Während sich die vorangehenden Bestimmungen aus soziologischer Sicht im wesentlichen auf die makrotheoretischen Zusammenhänge von Religion und Kultur bzw. Kirche und Gesellschaft bezogen, steht hier der mikrosoziologische Sachverhalt sinkender kirchlicher Beteiligung und des Schwindens christlicher Orientierungen im Wissens- und Verhaltensbereich der Bevölkerung im Vordergrund.

Diese knappe Skizze macht nicht nur deutlich, dass der Säkularisierungsbegriff durch unterschiedliche und tendenziell konträre Bedeutungen *überlastet* wurde, sondern auch, wie sehr die Diagnosen zum Verhältnis von Religion bzw. Christentum und Neuzeit *divergieren*. Bevor wir diese Divergenzen auf das ihnen Gemeinsame hin zu klären suchen, muss ein weiterer Begriff hinterfragt werden, nämlich derjenige der *Religion*.

Begriffsgeschichtliche Studien verdeutlichen, dass von ‚Religion' im Sinne einer spezifischen Kategorie der Wirklichkeitsauffassung erst seit dem 18. Jahrhundert die Rede ist.[89] Dies wurde im 17. Jahrhundert durch das Aufkommen des

Begriffs *religio naturalis* vorbereitet, um die Vorstellung auszudrücken, dass in jedem Menschen eine ‚religiöse Anlage‘ vorhanden sei. Dieser Gedanke wurde von den Philosophen der Aufklärung in dem Sinne aufgegriffen, „dass jenseits jeder konkreten christlichen Konfession und Kirche ein Metaverständnis von ‚Religion‘ etabliert wurde, das sich kirchenkritisch auf eine natürliche Anlage des Menschen berief. Der Mensch hat danach von Natur aus Religion, gemessen daran aber ist er gegenüber jeder geschichtlichen Religion oder Konfession frei.“[90]

Den Hintergrund für diese kirchenpolitisch höchst brisante kategoriale Aufladung des Religionsbegriffs bildeten die Erfahrungen der Religionskriege und der politischen Vereinnahmung der kirchlich verfassten Bekenntnisse. Dem dadurch bewirkten Plausibilitätsverlust sollte *religionsphilosophisch* durch die Herausarbeitung der *vernünftigen Elemente des Christentums* entgegengewirkt werden. Als ‚wahre Religion‘ galt demzufolge, was sich aus der christlichen Tradition vor dem Forum der aufklärerischen Vernunft rechtfertigen ließ.

Dieser Religionsbegriff wurde im 19. Jahrhundert von der protestantischen Theologie aufgegriffen und in Beziehung zur reformatorischen Spannung zwischen individueller Gläubigkeit und verfasstem Kirchentum gesetzt. Über den Begriff der Religion hat vor allem die liberale Theologie um 1900 die Weltbedeutung – oder moderner: die ‚gesellschaftliche Relevanz‘ – der christlicher Botschaft zu vermitteln gesucht. Gegen dieses ‚verweltlichte‘ Verständnis des Christentums richtete sich in der Folge die dialektische Theologie mit ihrer Forderung nach einem ‚religionslosen Christentum‘.

Im katholischen Sprachgebrauch hat ‚Religion‘ nie eine theologische Rolle gespielt; hier wurde bis vor kurzem auch keine Spannung zwischen ‚Glaube‘ und ‚Kirche‘ thematisiert. Allerdings hat der Kirchenbegriff im Katholizismus eine ähnliche Rolle für die Vermittlung zwischen ‚Heilsgeschichte‘ und ‚Weltgeschichte‘ gespielt wie der Religionsbegriff im evangelischen Bereich.[91]

Wir können somit erkennen, dass unser heutiger Begriff von ‚Religion‘ selbst aufklärerischer Herkunft ist. Deshalb ist ein Verständnis von Säkularisierung, das sich auf das Verhältnis von ‚Religion‘ und Neuzeit bezieht, ebenso durch das neuzeitliche Denken verzerrt wie der Begriff der ‚Verweltlichung‘. *Das, was den Anspruch des Christentums als Heilsbotschaft Gottes für die Menschen ausmachte, ist im Religionsbegriff bereits anthropozentrisch eingeebnet.* Dies ist auch der Grund, weshalb ich diese Argumentationen unter den Titel: „Wie überlebt das *Christentum?*“ und nicht „Wie überlebt die *Religion* die Moderne?“ gestellt habe. Die begriffliche Verschiebung von ‚Christianitas‘ und ‚Fides‘ zu ‚Religio‘ ist ja das Ergebnis eines „historischen Dramas“, der „energisch ausgefochtenen Auseinandersetzung um den Öffentlichkeitsanspruch und die allgemeine Verbindlichkeit des christlichen Glaubens.“[92] Diese Auseinandersetzung hat das Christentum infolge seiner konfessionellen Spaltung zugunsten des Staates verloren.

War die mittelalterliche ‚Christianitas‘ auch im Sinne der Aufklärung ‚Religion‘, d. h. „das letzte und festeste Band der Gesellschaft“ (Christian Thomasius), so konnte die geteilte Christenheit diese *gesellschaftliche Integrationsfunktion* für Europa nicht mehr wahrnehmen, welche deshalb – auf räumlich reduziertem Niveau – auf den entstehenden *Nationalstaat* überging. Weil dieser die Konfessionalität zu seiner eigenen Stabilisierung benutzte, wurde der Unterschied zunächst nicht deutlich. Erst mit der Einräumung der Bekenntnisfreiheit oder vielmehr erst mit der *bekenntnismäßigen Neutralität des Staates* wurde dieser Funktionsverlust des Christentums offenkundig, der auch durch die Prominenz des Religionsbegriffs nicht kompensiert, sondern bestenfalls vertuscht werden konnte. Das zeigt die wachsende Unbestimmtheit des Religionsbegriffs in den letzten Jahrzehnten.[93]

2. Modernisierung und die Verkirchlichung des Christentums

2.1 Die Umstrukturierung der Gesellschaft

Die zu Ende des vorangehenden Kapitels zitierte amerikanische Unabhängigkeitserklärung formuliert auf knappstem Raum das Grundkonzept menschlichen Zusammenlebens unter der Prämisse menschlicher Autonomie. Der „Schöpfer" taucht hier nur noch als Erschaffer einer Welt auf, die in der Folge den Menschen als Feld ihrer freien Betätigung offensteht. Der „Gott Abrahams Isaaks und Jakobs" (Blaise Pascal) hat sich hier zum „großen Uhrmacher" gewandelt, auf den zwar die Gesetze der Natur, aber nicht mehr diejenigen der Menschen zurückgehen. Hierfür wird nunmehr die *Annahme einer auf unveräußerlichen Individualrechten und der grundsätzlichen Gleichheit aller Bürger gegründeten politischen Ordnung* wegleitend, die sich in einer aus dem weitgehenden Konsens der Bürger hervorgegangenen *Verfassung* ausdrückt. Diese schafft und legitimiert die staatlichen Gewalten und bindet sie gleichzeitig an Recht und Gesetz. Gleichzeitig bestimmt und verbürgt die Verfassung diejenigen Rechte, die den Individuen entweder generell (als Menschenrechte) oder speziell als Bürger der jeweiligen Gemeinwesen zugesprochen werden. Insoweit als diese Rechte vor allem als Freiheitsrechte verstanden werden, stellen sie gleichzeitig eine Begrenzung der legitimen staatlichen Handlungsmöglichkeiten dar. Das ist der liberale Grundgedanke des demokratischen Rechtsstaates, der als die vielleicht wichtigste Errungenschaft der Aufklärung gelten darf.

Diese freiheitlichen Grundrechte gewährleisten einen wesentlichen Zug moderner Gesellschaften, nämlich ihre Strukturierung in der Form ausdifferenzierter, funktionsorientierter Teilsysteme wie Wirtschaft, Politik, Wissenschaft oder Religion. Im Anschluss an die bereits skizzierte Stabilisierung der Differenz zwischen geistlicher und weltlicher Gewalt (vgl. III.2) entstanden weitere funktionsorientierte Differenzierungen: Insbeondere verselbständigte sich die Marktwirtschaft und trennte sich durch den Aufbau von Manufakturen und später Fabriken vom Familienhaushalt. Mit der Selbstbindung der politischen Herrschaft in der Form von Verfassungen begann auch der Staat, sich auf die ihm eigenen politischen Aufgaben der Gewährleistung von Sicherheit nach innen und außen zu beschränken und den Bereich der Wirtschaft, der Religion und zunehmend auch denjenigen der Wissenschaft aus seinem direkten Steuerungsanspruch zu entlassen. Gleichzeitig hoben die Verfassungen die alten hauswirtschaftlichen und feudalen Abhängigkeiten auf, und den bis dahin von ihrem Hausherrn Abhängigen wurden eigenständige bürgerliche Rechte zugesprochen. Dieser Prozess vollzog sich in Europa erstmals im Rahmen der französischen Revolution und der anschließenden napoleonischen Zivilgesetzgebung, und bekanntlich fiel dies zeitlich mit der beginnenden Industrialisierung zusammen.

Die strukturelle Verselbständigung und thematische Reinigung ausdifferenzierter Funktionsbereiche und die Auflösung der ständisch geschichteten Gesellschaftsordnung stellen – dies hat vor allem die Gesellschaftstheorie von Niklas Luhmann herausgearbeitet – den Kernprozess jener Transformation der Gesellschaftsstrukturen dar, die wir heute als ‚Modernisierung' bezeichnen.[94] Die *wachsende institutionelle Autonomie von Wirtschaft, Politik, Öffentlichkeit, Religion und Wissenschaft,* um nur die einflussreichsten Bereiche zu nennen, wird getragen von der *Bildung organisierter kollektiver Akteure*, welche bemerkenswerterweise ebenfalls als ‚Personen‘, d. h. als juristisch rechts- und handlungsfähige Einheiten gelten. Diese ihre eigenen Mitgliedschaftsbedingungen definierenden juristischen Personen sind gehalten, sich spezifische Zwecke zu geben, d. h. der rechtlich anerkannte Raum ihrer Aktivitäten wird durch diese Zwecke begrenzt, die sich in der Regel an bestimmten Funktionsbereichen orientieren. Deshalb gibt es ‚Aktiengesellschaften‘ nur im Bereich der Wirtschaft, ‚Universitäten‘ nur im Bereich der Wissenschaft und ‚Kirchen‘ nur im Bereich der Religion.

Diese Spezialisierung und die damit gleichzeitig entstehende bereichsspezifische Konkurrenz kollektiver Akteure bringen *Eigendynamiken* hervor, die der Leistungsfähigkeit dieser Bereiche förderlich sind, die jedoch auch charakteristische Einseitigkeiten zur Folge haben: Wirtschaftsunternehmungen orientieren sich an Kosten und Gewinnen, Politiker am Machterhalt oder Machtgewinn, die öffentlichkeitswirksamen Medien am Aktuellen und Sensationellen, die wissenschaftliche Forschung orientiert sich an ‚Wahrheit‘ im Sinne der Standards der je eigenen Disziplin. Gesichtspunkte, die außerhalb dieser Horizonte liegen, werden typischerweise vernachlässigt. *Wir müssen deshalb in der Moderne von einer wechselseitigen Indifferenz der gesellschaftlichen Teilsysteme ausgehen, die sich als strukturelle Rücksichtslosigkeit auswirken kann.* Die Schwierigkeiten, denen sich heute die Lebensform der Kinder erziehenden Familie gegenüber sieht, sind in hohem Maße die Folge derartiger struktureller Rücksichtslosigkeiten.[95]

Wenn wir die mit dem Begriff der Säkularisierung verbundenen Diagnosen in der Perspektive funktionsorientierter Gesellschaftsdifferenzierung interpretieren, so erscheinen sie nicht mehr widersprüchlich, sondern weitgehend kompatibel. Die funktionale Verselbständigung von Politik, Wirtschaft und

Wissenschaft entzieht diese Bereiche dem Zugriff christentümlicher Deutung und zunehmend auch kirchlichem Einfluss. Diese Funktionssysteme verhalten sich zunehmend indifferent gegenüber religiösen Vorstellungen. Insoweit ist die Auffassung von Säkularisierung als Verdrängung der kirchlichen Autorität aus den Bereichen weltlicher Herrschaft zur differenzierungstheoretischen Betrachtungsweise geradezu kongruent.

2.2 Verselbständigung und Spezialisierung der Kirchen

Was aber geschah mit dem Christentum im Zuge dieser institutionellen Verselbständigung unterschiedlicher gesellschaftlicher Funktionen? Zwei Folgen sind hier zu unterscheiden: die Verkirchlichung des expliziten und die Verweltlichung des impliziten Christentums.

Zum einen *verselbständigte sich nunmehr auch das Religiöse in der institutionellen Form der Kirchen.* Dieser Prozess ist besonders deutlich am Fall des Katholizismus zu verfolgen: Hier wurde die Unabhängigkeit der kirchlichen Gewalt von der staatlichen stets hochgehalten, aber das bedeutete so lange im Erfahrungsraum der Menschen wenig, als Kirchenstaat, Bistümer und Abteien gleichzeitig weltliche Herrschaften und damit auch wirtschaftliche Einheiten waren. Dieser Zustand wurde zuerst in Österreich (‚Josephinismus‘), dann in Frankreich durch die Revolution und schließlich in Italien und Deutschland durch Napoleon beendet. Im Reichsdeputationshauptschluss von 1803 wurden die deutschen Fürsten, die 1795 auf ihre linksrheinischen Besitzungen hatten verzichten müssen, mit dem durch Bonaparte enteigneten – ‚säkularisierten‘ – rechtsrheinischen Kirchengut entschädigt. Damit kamen erstmals größere katholische Minderheiten unter protestantische Herrscher, ohne jedoch noch die Konfession wechseln zu müssen. Südlich der Alpen kassierte Napoleon den Kirchenstaat und nötigte Papst Pius VII., bei seiner Kaiserkrönung zu asssistieren. Dies war das erfolgreiche Ende einer Kirchenpolitik, in deren Rahmen Napoleon gegen die laizistische Bewegung der Revolution und gegen die restaurativen Tendenzen der Traditionalisten eine im wesentlichen vom französischen Staat abhängige kirchliche Administration geschaffen hatte, die jedoch formell dem Papst unterstellt blieb.

Nach der Niederlage Napoleons wurde beim Wiener Kongress zwar der Kirchenstaat restauriert, aber im übrigen der Verlust der kirchlichen Besitztümer bestätigt. Es war vor allem dem hervorragenden Kardinalstaatssekretär Consalvi zu verdanken, dass die Könige und Fürsten Europas ihre kirchlichen Verhältnisse, soweit sie den katholischen Volksteil betrafen, in Konkordaten mit Rom regelten, *wodurch Rom weit größeren Einfluss auf die kirchlichen Verhältnisse erhielt als je zuvor.* Denn nunmehr gab es ja keine wirtschaftliche Grundlage für die Unabhängigkeit der Bischöfe und Pfarrer mehr. Dadurch minderte sich einerseits das politische Interesse an der Besetzung geistlicher Stellen, und es wuchs andererseits die Abhängigkeit des Klerus von römischen und bischöflichen Vorgaben. Es entstanden zunehmend Über- und Unterordnungsverhältnisse im Sinne nicht nur einer sakramentalen, sondern auch einer organisationellen Hierarchie, wie dies in der napoleonischen Kirchenreform vorexerziert worden war. Parallel dazu setzten umfangreiche Maßnahmen zur Qualifizierung des Klerus ein; Maßnahmen zur Verbesserung der Priesterausbildung, die bereits das Trienter Konzil beschlossen hatte, wurden erst jetzt flächendeckend durchgeführt. Die Bischöfe, welche in vorrevolutionärer Zeit sich meist eher als Landesfürsten denn als Seelsorger verstanden hatten und durchweg adliger Herkunft waren, wurden nun innerhalb einer Generation durch meist fromme und häufig bürgerliche Priester ersetzt. Wir können somit im 19. Jahrhundert eine deutliche *Konzentrierung des katholischen Klerus auf geistliche Aufgaben feststellen, also eine Spezialisierung auf das Religiöse, welche es bis dahin im katholischen Bereich nicht gegeben hatte.*

Diese strukturellen Umorientierungen erhielten zudem eine *kulturelle Unterstützung durch die Zeitströmung der Romantik* und die damit verbundene Wiederentdeckung des Mittelalters, welches die ‚lichte Aufklärung‘ als ‚finsteres Mittelalter‘ in die Vorgeschichte des ‚mündigen Menschen‘ zurückzudrängen versucht hatte.

Aber es wurden keine mittelalterlichen Verhältnisse mehr hergestellt, in denen zwar die herrschende Kultur von theologischem Gedankengut durchdrungen war, die Bevölkerung aber weitgehende ungebildet und häufig in naturreligiösen Vorstellungen befangen blieb. Es entstand nun vielmehr eine wohl historisch einzigartige *Verbindung von Hochreligion und Volksreligiosität*, eine Verknüpfung kirchlichen Brauchtums mit traditionsbewussten Formen des Lebensstils, kurzum: eine katholische Subkultur, die zwar nicht mehr die Gesellschaft als ganze prägte, aber als zumeist minderheitliche den katholischen Volksteil zum Katholizismus als einer Art Subgesellschaft zusammenschweißte.[96]

Diese *konfessionsspezifische Vergesellschaftung* äußerte sich in vielen Ländern auch in der Gründung und im Erfolg katholischer politischer Parteien, z. B. dem ‚Zentrum‘ in Deutschland. Charakteristisch für diesen Katholizismus wurde zunächst eine Spannung zwischen nationalen und ultramontanen Orientierungen, doch mit der Aufhebung des Kirchenstaates und dem ersten Vatikanischen Konzil (1869/70) setzte sich die papstzentrierte, ultramontane Richtung endgültig durch. *Von da an kann von einer romzentrierten Weltkirche gesprochen werden, die sich durch eine straffe hierar-*

chische Organisation und einen bemerkenswerten missionarischen Erfolg im Rahmen des damaligen europäischen Kolonialismus auszeichnete.

Während die katholische Kirche spätestens seit der französischen Revolution eine ablehnende, ‚antimodernistische‘ Haltung gegenüber maßgeblichen kulturellen Entwicklungen der Neuzeit pflegte, war der *Protestantismus* eng mit diesen Entwicklungen verwoben. Denn mit Ausnahme Frankreichs, wo die Unterdrückung der Hugenotten durch die ‚katholische Könige‘ dem Aufkommen einer antiklerikalen laizistischen Bewegung als Trägerin der Aufklärung Vorschub geleistet hatte, *blieb die Aufklärung in England, den Niederlanden und Deutschland durchaus an christlichen Idealen orientiert, wenngleich häufig in Distanz zu den etablierten Formen des Landeskirchentums.* Im nachrevolutionären Zeitalter der Romantik kam es auch im Protestantismus zu vielfältigen religiösen Bewegungen, unter denen die evangelikale in England und der wiedererstarkte Pietismus in Deutschland den größten Einfluss gewannen. Auch hier akzentuierte sich nun erneut der religiöse Aspekt der Konfessionalität, was aber im Rahmen der evangelischen Landeskirchentümer zunächst nicht zur Trennung von Kirche und Staat führte. Im Laufe des 20. Jahrhunderts hat sich dann auch der Protestantismus in den meisten Ländern aus staatlichen Verflechtungen gelöst und sich eigene Organisationsstrukturen gegeben, die trotz des stärker spiritualistischen Kirchenverständnisses im Protestantismus zunehmend als „Kirchen“ verstanden werden. In institutioneller Hinsicht ist somit der Protestantismus dem Katholizismus ähnlicher geworden, während im Katholizismus allmählich eine stärkere Betonung der individuellen Gläubigkeit gegenüber der institutionellen Zugehörigkeit an Gewicht gewonnen hat, was sich als eine Annäherung an das protestantische Glaubensverständnis interpretieren lässt.

Will man diese Entwicklungen des konfessionalisierten Christentums im Zuge der Modernisierung auf einen Begriff bringen, so kann man von einer *Verkirchlichung des Christentums* sprechen.[97] Das heißt, das Christentum bildet nun keine die gesamten Lebensverhältnisse umfassende symbolische Sinnwelt mehr, sondern es gewinnt seinen spezifischen Ort in den ‚Kirchen', welche sich selbst zunehmend als klerikale Organisationen profilieren, in denen Theologen und Pfarrer oder Ordensleute als ‚religiöse Spezialisten' (Klerus) mit einem ausschließlich geistlichen Führungsanspruch den so genannten Laien gegenübertreten. Der Soziologe Niklas Luhmann sieht demzufolge in der institutionellen Spezialisierung der Kirchen einerseits und in der Privatisierung der religiösen Entscheidungen andererseits die wesentlichen Aspekte von Säkularisierung.[98]

2.3 Ursprünglich christliche Sinngehalte als Elemente der säkularen Kultur

Verkirchlichung des Christentums ist also die eine Weise, in der die christlichen Sinngehalte im Zuge der Modernisierung weitergetragen werden. Hier wird man keinesfalls von einer „Enteignung" des Christentums, sondern eher von seiner „Reinigung" im Sinne der vierten der in Abschnitt 1 unterschiedenen Bedeutungen zu sprechen geneigt sein. Zum anderen ist aber nicht zu übersehen, dass viele christliche Ideen und Denkformen heute in kaum mehr erkennbarer Weise im profanen Denken präsent sind.[99]

Carl Schmitt beispielsweise hat unter dem Begriff der „politischen Theologie" gezeigt, wie sehr das neuzeitliche Staatsdenken sich älteren theologischen Denkfiguren verdankt.[100] Karl Löwith hat den Fortschrittsglauben als säkularisierte Eschatologie interpretiert.[101] Und im vorangehenden Kapitel wurde die moderne Menschenrechtsdoktrin auf ihre Ursprünge im christlichen Person- und Gewissensverständnis zurückgeführt. Ob man nun solche Geistesverwandtschaften zwischen modern-profanen und mittelalterlich-theologischen Sinnkomplexen als „implizites Christentum" oder gar als „Christentum außerhalb der Kirchen" (T. Rendtdorff) bezeichnet, oder aber – mit Hans Blumenberg und anderen ‚Aufklärern', aber auch mit kulturkritischen Konservativen – gerade *die Differenz* zwischen den theologischen und den ‚verweltlichten' Sinnkomplexen hervorhebt, bleibt eine Frage der ideenpolitischen Perspektive, die sich ebensowenig eindeutig beantworten lässt wie die Frage, ob ein zur Hälfte gefülltes Glas ‚halb voll' oder ‚halb leer' sei. Und das gilt ebenso für die Frage, ob es bei diesen Vorgängen um Kontinuität oder Diskontinuität, um Enteignung oder Bewahrung geht. *Es liegt an der Umstrittenheit der Sache selbst, am Interesse, das die Weltanschauungsparteien an diesen Vorgängen hatten und zum Teil noch haben, dass ein unparteilicher oder überparteilicher Sprachgebrauch nur schwer zu finden ist.*

Wenn sich die Kirchen heute, insbesondere im Bereich der Menschenrechte und im Kampf um soziale Gerechtigkeit, als Advokaten säkularisierter Bestände christlichen Gedankengutes zu profilieren suchen, stehen sie vor dem Dilemma, dass ihnen dieses Gedankengut nicht mehr als das ihrige zugerechnet wird. Denn diese Wertideen sind – erfreulicherweise, möchte man sagen – *Bestandteil eines allgemeinen normativen Konsenses geworden;* die Kirchen dagegen werden als etwas Partikuläres und Parteiliches wahrgenommen. Sie werden ihrem sinnhaften Anspruch nach als ‚religiöse Institutionen' qualifiziert, wobei gleichzeitig Religion nun nicht mehr als das Allgemein-Verbindende, sondern in einem qualifizierten Sinne als ‚Privatsache' gilt. Dazu später mehr.

3. Die Entkirchlichung der Individuen

Eine bisher nicht behandelte Sonderstellung nimmt die fünfte Bedeutung von Säkularisierung als Entchristlichung und Entkirchlichung der Bevölkerung ein. Bisher ging es um institutionelle und kulturelle Zusammenhänge, jetzt geht es um individuelle Einstellungen und Verhaltensweisen.

Seit dem Zweiten Weltkrieg hat die empirische Sozialforschung, insbesondere in der Form der Meinungsforschung, erheblichen Öffentlichkeitswert erworben. Auch wenn man über den Aussagewert derartiger Untersuchungen im einzelnen durchaus geteilter Meinung sein kann, so darf doch der Vergleich der Antwortmuster im Zeitablauf als ein verlässlicher Indikator tiefer liegender Veränderungen des Bewusstseins gelten. Hier zeigt sich für Westeuropa ein recht eindeutiger Trend: Wert- und Einstellungsfragen, die sich auf den Bereich Kirche, Religion und Christentum beziehen, werden immer weniger positiv und vor allem auch divergierender beantwortet.

Was im I. Kapitel am Beispiel Deutschlands kurz skizziert wurde, zeigt sich auch in anderen europäischen Ländern: Ein Anstieg der Konfessionslosigkeit, die in Holland bereits etwa ein Drittel der Bevölkerung ausmacht, und eine Erosion christlichen Glaubenswissens und kirchlicher Verbundenheit.[102] Weltweit sind die Religionslosen die im 20. Jahrhundert am stärksten wachsende Gruppe der Weltbevölkerung[103]. Allerdings wachsen weltweit auch die Hochreligionen, insbesondere der Islam und das Christentum erheblich. Inwieweit dieses Wachstum lediglich quantitativer oder auch qualitativer Art ist, ob also die Wirksamkeit der Religion in den Köpfen und Herzen der Menschen im Laufe der Jahrhunderte zu- oder abgenommen hat, entzieht sich unserer Kenntnis. Das Wahrscheinlichste sind regional unterschiedliche Wellenbewegungen. Für Westeuropa im 20. Jahrhundert insgesamt ist jedoch ein Abwärtstrend statistisch nicht zu bestreiten.

Selbst der den Älteren unter uns noch durchaus erinnerliche religiöse Aufschwung nach dem Zweiten Weltkrieg, die hohe Anerkennung, welche die unter dem Eindruck des Nationalsozialismus erstmals ökumenisch zusammengerückten getrennten Kirchen in der westdeutschen Nachkriegsgesellschaft genossen, ließ den Kirchgang nicht über das Niveau der Zwischenkriegszeit ansteigen. Und der schubweise Rückgang seit den 60er Jahren macht sowohl das Fortbestehen volkskirchlicher Strukturen als auch deren Labilisierung und Überalterung deutlich. Wie sind diese Entwicklungstendenzen im Horizont der Säkularisierungs- und der Differenzierungsperspektive zu interpretieren?

Eine mögliche Interpretation geht dahin, gerade *das Auseinandertreten von verkirchlichter Religion und säkularer, jedoch von christlichen Werten mit bestimmter Kultur* für die wachsende Entkirchlichung verantwortlich zu machen. Das Wesentliche des Christentums wäre demzufolge ins säkulare Ethos mit eingegangen, während sich die Kirchen als organisierte Religion nur noch mit partikulären Aspekten der christlichen Tradition befassten und daher entbehrlich seien. Diese Auffassung steht in Kontinuität zur Kirchenkritik der Aufklärung, sie ist aber auch für die kulturprotestantische Tradition in Deutschland in etwa akzeptabel, während sie dem traditionellen katholischen Kirchenverständnis diametral entgegensteht.

Eine zweite, stärker soziologische Interpretationslinie sieht einen Zusammenhang zwischen der Transformation der Gesellschaftsstrukturen und der *Individualisierung der Lebensführung*. Wie oben (III.2.1) erwähnt, waren in vormodernen Gesellschaftsformationen die Individuen mit Bezug auf all ihre Lebensbezüge in ein und dieselbe soziale Einheit ‚eingeordnet'. Sie waren sozusagen Teil bestimmter sozialer Einheiten, sie unterstanden deren spezifischem Ethos und sie profitierten von den vorhandenen bescheidenen Schutzvorkehrungen unter der Prämisse ihres eigenen ‚solidarischen' Verhaltens, entbehrten jedoch jeglichen Schutzes außerhalb dieser ‚ihrer' Einheiten. Mit der Auflösung der alten Stände und der hausherrschaftlichen Verbände verloren sich auch diese alten Solidarbindungen, und es gehört zu den normativen Prämissen der ‚modernen' Gesellschaftsformation, dass ein jeder das Recht auf Verfolgung *seines eigenen* Glücks habe, was immer er darunter verstehen mag. Jeder Rechtsfähige ist nur *im Rahmen der staatlich-'öffentlichen' Gesetze* gebunden. Im übrigen kann er frei über sich verfügen. Pflichten gegenüber ‚privaten' Dritten entstehen ihm nur, soweit er sie *freiwillig als Selbstbindung übernommen hat* – beispielsweise durch Eheschluss, Mitgliedschaft oder Vertrag.

Dieses liberale Bild einer ausschließlich individualistischen Gesellschaft entsprach jedoch im 19. Jahrhundert nicht der Wirklichkeit. Zum einen blieben traditionelle soziale Bindungen weiter bestehen, und zum anderen entstanden aus freiwilligen Zusammenschlüssen im Rahmen z. B. von Vereinen und Verbänden neue ‚intermediäre Strukturen' zwischen Individuum und Staat. Viele dieser intermediären Strukturen bildeten sich entlang der Grenzen weltanschaulicher Orientierungen: Im protestantischen und im laizistischen Bürgertum konkurrierten vor allem liberale und konservative Richtungen, während in der Arbeiterschaft sich sozialistische Ideen verbreiteten. Die Katholiken bildeten in den meisten Ländern einen einigermaßen klassenübergreifenden Block, entsprechend der unter 2.2 bereits skizzierten konfessionsspezifischen Vergesellschaftungsform. Diesen weltanschaulichen Richtungen entsprach das Parteien- und Vereinsleben, und weitgehend auch das räumliche Zusammenleben. So gliederte sich die frühmoderne Gesellschaft anscheinend nach weltanschaulichen Gesichtspunkten, d. h. sie waren es, welche die politischen Gruppierungen bestimmten und den Menschen eine geistige Heimat boten.

Auch wenn die Dominanz der weltanschaulichen Gegensätze schon im Gefolge des ersten Weltkriegs zurückging, so hat die Entkirchlichung in größerem Maße doch erst nach dem Zweiten Weltkrieg Platz gegriffen. In Osteuropa wurde sie gewaltsam vorangetrieben, in Westeuropa entwickelte sie sich schleichend infolge der weiteren Erosion der weltanschaulichen Milieus durch Flucht und Vertreibung, durch zunehmende außerhäusliche Erwerbstätigkeit der Frauen und den wachsenden Einfluss des Fernsehens. Die Plausibilität der bisherigen „Großerzählungen" (J.F. Lyotard) wurde insbesondere durch die kulturrevolutionäre Bewegung der sogenannten 68er Generation erschüttert. Seither ist der einleitend angesprochene Traditionsabbruch offenkundig.

Man kann hier von einem erneuten *Modernisierungsschub* sprechen, der nunmehr auch die Lebensverhältnisse und Einstellungen *der Frauen* erreicht hat. In Deutschland, das durch besonders konservative Familienverhältnisse gekennzeichnet war, hat dies zu einem starken Rückgang der Heiratsbereitschaft und zu wachsender Kinderlosigkeit der Frauen geführt. Familiensoziologische Untersuchungen zeigen, dass die Bereitschaft, eine Familie zu gründen, unter religiös und kirchlich Gebundenen deutlich höher ist als unter den Ungebundenen. Dies verlangsamt im Generationenablauf den Entkirchlichungsprozess; aber auch in diesen Familien äußert sich je nach sozialem Umfeld die Spannung zwischen kirchlicher Tradition und emanzipatorischer bzw. religiös indifferenter Modernität.

Diese Entwicklungstendenzen werden heute meist als wachsende *Individualisierung* bezeichnet. Auch dieser Begriff ist wie derjenige der Säkularisierung mehrdeutig und bezeichnet einen mit Bezug auf die Aufklärungsideale ambivalenten Prozess.[104] Zwei nahezu geflügelte Worte mögen dies verdeutlichen: *„In meinem Lande muss jeder nach seiner Fasson selig werden"*, schrieb Friedrich der Große 1740 auf den Rand einer Anfrage hinsichtlich der Behandlung römisch-katholischer Schulen in Berlin. Jeder *muss* nach seiner Fasson selig werden, die Frage ist, ob er das auch *kann*! Radikaler noch hat Jean-Paul Sartre denselben Sachverhalt auf die Formel gebracht: *„Der Mensch ist zur Freiheit verurteilt ... ohne Unterstützung und ohne Hilfe ist er verurteilt, jeden Augenblick den Menschen zu erfinden."* Ob er das kann, möchte ich als den Ernstfall der Moderne bezeichnen.[105]

Dieser *Ernstfall der Moderne* gilt auch für den Bereich der Religion. Zwar wird heute allgemein von einer Individualisierung des Religiösen gesprochen, und das klingt zumal für protestantische Ohren ja durchaus akzeptabel. Bemerkenswerterweise löst sich jedoch gleichzeitig die Vorstellung von ,Religion' und ,Religiosität' zunehmend von derjenigen des Christentums, und es nimmt auch der Anteil derjenigen zu, die sich als „kein religiöser Mensch" bezeichnen: In Westdeutschland bezeichneten sich 1981/82 22 %, 1996 29 % als „nicht religiös", in Ostdeutschland 1996 gut die Hälfte.

Wir können heute ein zunehmendes vorstellungsmäßiges Auseinandertreten von „Kirchlichkeit", „Christlichkeit" und „Religion" beobachten, noch stärker übrigens in der Publizistik als in den Meinungsumfragen. Der Begriff ,Religion' – meist in einem individualistischen Sinne als ,Religiosität' verstanden – ist heute dabei, sich von seinen kirchlichen und christlichen Konnotationen zu lösen und einen recht unscharfen Erfahrungsraum zu bezeichnen, auf den im folgenden Kapitel genauer einzugehen ist.

4. Offene Fragen

Wir stehen heute also offensichtlich in einer neuen Phase der religiösen Entwicklung, die in erster Linie durch einen zunehmenden Relevanzverlust des Kirchlichen für die individuelle Lebensführung gekennzeichnet ist. Die religiöse Zugehörigkeit ist heute nicht nur im politischen, sondern auch im lebensweltlichen Sinne zu einer ‚Privatsache' geworden. Gleichzeitig finden jedoch kirchliche Äußerungen, insbesondere solche zu wirtschaftlichen und sozialen Fragen, aber auch zu allgemein-politischen Themen mit ethisch-moralischem Appeal mitunter erstaunliche öffentliche Resonanz. Die Kirchen gelten nach wie vor als wichtige Repräsentanten der öffentlichen, nicht mehr jedoch als Autoritäten für die private Moral.

Diese Beobachtungen legen eine Reihe von Fragen nahe, die für eine zukunftsbezogene Gegenwartsdiagnose hinsichtlich der Überlebensformen des Christentums und ihrer Entwicklungsperspektiven von Bedeutung sind:

1. Warum erweist sich der im vorangehenden als „Verkirchlichung des Christentums" bezeichnete Zustand im Zuge der fortschreitenden Modernisierung als instabil? Welches sind die Faktoren, die zum zunehmenden Plausibilitäts- und Vertrauensverlust der Kirchen beitragen?

2. Was hat es mit der Verselbständigung des Bedeutungsfeldes des Religiösen auf sich? Entstehen neue Religiositätsmuster, und woran lassen sie sich als religiöse erkennen, wenn die kirchenbezogenen Konnotationen von „Religion" ihre öffentliche Plausibilität verlieren?

3. Handelt es sich bei den beobachtbaren Krisenphänomenen des Religiösen um ein spezifisches Problem der Religion oder gar des Christentums, oder um ein allgemeineres Problem, das auch das Projekt der Aufklärung betrifft?

4. Was spricht für und gegen eine Fortsetzung der beobachtbaren Trends? Was ist die Aussagekraft und wo liegen die Grenzen des Modernisierungskonzeptes, an dem wir uns bisher orientiert haben?

5. Was folgt aus alledem für die Zukunft der christlichen Traditionen? Sind Renaissancen des Christlichen möglich, und wie könnte man sich diese vorstellen?

V. Überlebt das Christentum die Moderne?

Das Interesse unserer Überlegungen richtet sich auf die Frage nach der Zukunft des Christentums unter den Bedingungen der entfalteten Moderne. Ich habe diese Frage in einen größeren historischen Zusammenhang gestellt, weil sowohl ‚Christentum' als auch ‚Moderne' die heute etablierten Bezeichnungen für geschichtliche Zusammenhänge von erheblicher zeitlicher Ausdehnung sind. Beide Namen sind im übrigen erst in den letzten Jahrzehnten vorherrschend geworden.

1. Zur Fragestellung

Von *Christentum* ist im ökumenischen Sprachgebrauch der Kirchen normativ und im gesellschaftlichen Sprachgebrauch der Öffentlichkeit deskriptiv die Rede, um die vielfältigen Traditionen des Gottesglaubens zu bezeichnen, die ihren entscheidenden Bezugspunkt in der Botschaft des Jesus von Nazareth finden, den seine Jünger als den Messias, den Gesalbten, den Christus bekannt haben. Diese Traditionen bezeichnen sich in ihren sozialen Manifestationen zumeist als *Kirchen*, was nicht auschließt, dass auch dieser Begriff unterschiedliche Interpretationen erfahren hat. Denn als ‚Kirche' haben sich christliche Gemeinschaften stets nur insoweit anerkannt, als sie deren prinzipielle Rechtgläubigkeit akzeptierten. ‚Kirche' ist somit – wie ‚Person' – ein Begriff der Anerkennung als meinesgleichen.

Angesichts des geringeren historischen Abstands ist es schwieriger, zu einem allgemein konsensfähigen Begriff von

Moderne zu gelangen. Auch hier können wir normative und deskriptive Auffassungen unterscheiden. In einem normativen Sinne ist das „Projekt der Moderne" vor allem von Jürgen Habermas mit den Werten der Aufklärung identifiziert worden.[106] In einem deskriptiven Sinne wird ‚Moderne' oft als Epochenbegriff verwendet, was jedoch in erhebliche Abgrenzungsschwierigkeiten führt. Das zeigt nicht zuletzt der etwa gleichzeitig – nämlich seit den 1960er Jahren – prominent gewordene Begriff der ‚Postmoderne' oder der kürzliche Vorschlag einer ‚zweiten Moderne' (Ulrich Beck). Denn seinem Wortsinn nach verweist ‚modern' stets auf *Gegenwärtiges*. ‚Modern' ist also stets nur die jüngste Gegenwart, welche alsbald veraltet, und durch eine neue Gegenwart (z. B. die ‚Postmoderne') überholt wird.

Will man ‚Moderne' als Epochenbegriff ansetzen, so müsste konsequenterweise gerade dieser Zug der Veränderlichkeit, oder genauer gesagt: der Legitimität von Wandel begrifflich hervorgehoben werden: ‚Modern' im normativen Sinne bedeutet, dass das Neue besser als das Alte ist, wie umgekehrt ‚traditional' im normativen Sinne die Überlegenheit des Bestehenden gegenüber dem Neuen behauptet. Ist Tradition eine Kategorie der Vergangenheitsorientierung und des Beharrens, so Modernität eine Kategorie der Zukunftsorientierung und der Bewegung; in den Worten Jacob Burckhardts: der „Geist der ewigen Revision".[107] Betrachtet man die Leitsemantiken der mit der Aufklärung beginnenden Epoche – man denke an Begriffe wie ‚Freiheit', ‚Fortschritt', ‚Innovation', ‚Revolution', ‚Evolution' ‚Lernen' oder ‚Anpassung' – so beziehen sie sich alle auf eine *offene Zukunft*, die im Fortschrittsglauben der Aufklärung mit positiven Erwartungen besetzt wurde. Soweit dieser Fortschrittsglaube zurücktritt, und dies ist in den meisten sich als ‚postmodern' bezeichnenden Positionen der Fall, so wird die nicht mehr zu vereinheitlichende Pluralität der Sinnstrukturen betont und die nicht zu bändigende Dynamik der Verhältnisse ambivalent oder skeptisch auf ihre Möglichkeiten hin befragt, ohne doch in der Vergangenheit eine Alternative zu sehen.[108]

Die Aufklärung ging davon aus, dass es dem Menschen möglich sei, sich in ein unmittelbares Verhältnis zur ‚Welt‘ zu setzen. Dem gegenüber gehört es zu den grundlegenden Einsichten der letzten Jahrzehnte, dass die Komplexität der Wirklichkeit all unser Begreifen übersteigt, dass die Vorstellung vom Menschen als „maître et possesseur de la nature" (Descartes) eine *fortschrittsförderliche Illusion* geblieben ist.[109] Wir könnten daher die etwas plakative Titelfrage dieses Kapitels schon an dieser Stelle unter Verweis auf die Offenheit und Unerkennbarkeit der Zukunft als im strengen Sinne unbeantwortbar bezeichnen.

Gleichwohl steckt in ihr ein analytisch zu entwickelndes Argument: Der Begriff des Christentums ist auf *vergangene* Ereignisse und auf *Traditionen* bezogen, die diese Ereignisse interpretieren; es erscheint deshalb im Sinne unseres Modernitätsbegriffs als notwendigerweise ‚unmodern‘. Während die aufklärerische Moderne in ihrem Fortschrittsglauben sich von Traditionen als Vergangenem glaubte absetzen zu können, entdeckt das postmoderne Denken angesichts der Notwendigkeit, sich mit einer unklaren Zukunft und einer vielfach verwirrenden Gegenwart auseinandersetzen zu müssen, erneut den Wert von Traditionen als einem kulturellen Reservoir möglicher Deutungsmuster. Gleichzeitig bleibt jedoch das moderne Bewusstsein einer *Distanz zur Vergangenheit* bestehen. Man kann aus der realen Dynamik des Wandels nicht einfach aussteigen, aber man sucht nach Orientierungspunkten und stabilisierenden Momenten, die sich bestenfalls aus der historisch gewordenen eigenen Kultur ergeben können. Von daher erklärt sich auch das erneute Interesse an unserer eigenen Geschichte.

In diesem Sinne *hat* das Christentum die aufklärerische Moderne bereits überlebt. Es wird aber gleichzeitig mit den Wirkungen der modernen Dynamik konfrontiert, welche nunmehr seine historische Kontinuität in Frage stellt und *es selbst unter Veränderungsdruck setzt.* Man kann die postmoderne Situation des Christentums daher insofern als paradox bezeichnen, als von ihm eine die kulturellen und moralischen Orientierungen stabilisierende Leistung erwartet wird, aber gleichzeitig seine ‚Rückständigkeit' beklagt wird.

Mit dem Programm eines ‚Aggiornamento' der katholischen Kirche hat Papst Johannes XXIII. die Aufgabe des II. Vatikanischen Konzils daher seinerzeit sehr zeitgemäß umschrieben, und obwohl das Konzil die Begriffe ‚Moderne' und ‚Modernisierung' nicht verwendet hat, hat es in wesentlichen Hinsichten die Herausforderungen der *damaligen* Moderne aufgenommen.[110] Aber der Wandel setzte sich fort: Heute hat die katholische Kirche sich z. B. mit den Herausforderungen durch die mit dem Selbstverständlich-Werden der Geburtenkontrolle sich wandelnden Einstellungen zur Sexualität und der Frauenemanzipation auseinanderzusetzen, mit denen sich das II. Vatikanum noch kaum befasst hatte.

Das Christentum verdankt seinen geschichtlichen Erfolg der Fähigkeit, seine Botschaft stets erneut im Lichte unterschiedlicher Kulturen auszulegen. Trotz seiner Traditionsgebundenheit hat es dabei eine erstaunliche historische Komplexität erreicht, d. h. es bewahrt in seinen Traditionen eine Vielfalt der Auslegungen auf, die uns heute, in einer angesichts der ungewissen Zukunft besonders geschichtssensiblen Zeit, *als eine Ressource* erscheinen mögen. In einer Epoche fortgesetzten Wandels wird auch das Christentum zu neuen Auslegungen seiner Botschaft und zur Entwicklung zeitgemäßer Formen der Vergemeinschaftung herausgefordert. Es wird aber seine Aufgabe nicht als Anpassung, sondern nur in *kritischer Zeitgenossenschaft* erfüllen können.

Im folgenden sei zunächst eine soziologische Erklärung für den diagnostizierten Trend zur Entkirchlichung, zur Entkonfessionalisierung und zum Plausibilitätsverlust des christlichen Gottesglaubens versucht. Sie führt zum Ergebnis, dass es weniger der Inhalt des christlichen Glaubens als die Veränderung seines gesellschaftlichen Stellenwerts ist, wodurch sich sein Bedeutungsverlust für die Individuen erklären lässt. Dennoch bleibt das ursprünglich christliche Ideal der Personalität als Ausdruck menschlicher Freiheit erhalten. Deshalb wird anschließend nach den Bedingungen für die Ausbildung einer handlungsfähigen individuellen Persönlichkeit gefragt, die den Hoffnungen der Aufklärung entspricht. Dabei wird eine veränderte, nämlich subjektbezogene Vorstellung des Religiösen erkennbar, die zu christlichen Sinngehalten und kirchlichen Handlungsweisen nur noch in einer sehr indirekten Beziehung steht. Dies führt zu Überlegungen über die Aussichten des Christentums in unserer Zeit.

2. Bedingungen und Ursachen des Traditionsabbruchs christlicher Glaubensvermittlung

Befragt man die vorliegende Literatur, so werden vielfältige Gründe für den Plausibilitätsverlust des Christentums genannt: Die wissenschaftliche Unbeweisbarkeit Gottes; die Widersprüche zwischen biblischer und zeitgenössischer Wirklichkeitsauffassung, beispielsweise hinsichtlich der Entstehung der Welt; der Vorrang des individuellen Gewissens vor den Ansprüchen biblischer oder kirchlicher Art; die unhintergehbare Pluralität der Wirklichkeiten im Gegensatz zum monotheistischen Charakter religiöser Ansprüche, usf.

Sieht man von dem letzten, typisch ,postmodernen' Argument ab, so werden die Argumente schon seit über hundert Jahren vorgetragen und haben durchaus ernsthafte Antworten von Seiten der christlichen Theologie gefunden.

Insbesondere wird im Horizont der postmodernen Akzeptanz einer in sich pluralen Vernunft die Möglichkeit eines eigenständigen religiösen Denk- und Erfahrungsbereichs nicht mehr von wissenschaftlichen Testkriterien abhängig zu machen sein. Es ist – zum mindesten für den Soziologen – auch wenig plausibel, dass bevölkerungsweite Veränderungen unmittelbar von diskursiven Argumenten bestimmt sein sollen. Im Sinne einer soziologischen Perspektive ist auch im folgenden nach langfristig wirksamen *sozialen* Momenten zu fragen, die den allgemeinen Trend zur Entkirchlichung und den dramatischen Traditionsabbruch seit den 70er Jahren in Deutschland zu erklären geeignet sind.

2.1 Religionsfreiheit

Selten genannt, jedoch am elementarsten wirksam ist die *Einführung und zunehmende Akzeptanz der Religionsfreiheit*. Zwischen 380, als Kaiser Theodosius I. das römisch-byzantinische Christentum zur Staaatsreligion erklärte, und 1789, vielerorts sogar bis ins 20. Jahrhundert, war die Zugehörigkeit zum jeweils ,richtigen' christlichen Bekenntnis entweder eine soziale Selbstverständlichkeit oder eine Frage des Überlebens oder zum mindestens ein Gebot praktischer Klugheit. Die Rede vom ,nachkonstantinischen' oder ,nachchristentümlichen' Zeitalter soll eben dieses Schwinden der politisch und rechtlich erzwungenen Selbstverständlichkeit der Zugehörigkeit ausdrücken. Solange Kirchenaustritte nicht möglich waren, konnte die oft schon bestehende innere Emigration nicht sichtbar werden. Und für den großen Teil der Bevölkerung stabilisierte sich ihre Religionszugehörigkeit ohnehin als

Konformität zur verbreiteten *Sitte*, und die ließ sich durch Verbot und die Verfolgung von Abweichlern recht erfolgreich stabilisieren.

Der Wegfall der staatlichen Norm der Kirchenzugehörigkeit ist also der elementarste und langfristigste Grund für deren Rückgang. Freiwilligkeit kann nie so flächendeckend sein wie Zwang. Der Widerstand vor allem der römisch-katholischen Kirche gegen die Religionsfreiheit, der seinen dramatischen Höhepunkt und sein Ende im Ringen des Zweiten Vatikanischen Konzils um die Erklärung zur Religionsfreiheit mit dem bezeichnenden Titel *Dignitatis Humanae* fand, hatte aus der herkömmlichen Perspektive geistlicher Herrschaft durchaus gute Gründe für sich. Bis zum Zweiten Vatikanischen Konzil hat die katholische Kirche deshalb *die konfessionelle Bindung des Staates* gefordert. Und so wird auch schon im Einleitungssatz dieses Dokuments die tiefgreifende, und doch dem christlichen Wurzelgrund entstammende Wende der päpstlichen Doktrin deutlich: „Die Würde der menschlichen Person kommt den Menschen unserer Zeit immer mehr zum Bewusstsein, und es wächst die Zahl derer, die den Anspruch erheben, dass die Menschen bei ihrem Tun ihr eigenes Urteil und eine verantwortliche Freiheit besitzen und davon Gebrauch machen sollen, nicht unter Zwang, sondern vom Bewusstsein der Pflicht geleitet."[111] Mit der normativen Bejahung der staatlich gewährleisteten Religionsfreiheit war auch die Absage an eine konfessionelle Bindung politischer Gemeinwesen verbunden.[111a]

2.2 Auflösung von Milieubindungen und Legitimitätsverlust

Die Entkirchlichung setzte nicht als unmittelbare Folge der mehr oder weniger weit gehenden Trennung von Staat und Kirche ein. Charakteristischerweise bildeten sich, wie beschrieben (vgl. IV.2.2 und 3), im 19. Jahrhundert *welt-*

anschaulich geprägte Sozialmilieus: Konservative und liberale im protestantischen Bürgertum, sozialistische in der Arbeiterschaft und klassenübergreifende im Katholizismus. Solange also ‚katholische‘, ‚protestantische‘ oder ‚sozialistische‘ Milieus die Selbstverständlichkeit des jeweiligen Glaubens sicherten, bestand ein Schwebezustand zwischen sozialer Kontrolle und Freiwilligkeit, oder genauer: *Es bestand typischerweise kein bewusstseinsmäßiger Gegensatz zwischen beidem.* Die sozialen Bindungen stützten die persönlichen Einstellungen, und überdies sorgte eine nach Weltanschauungen aufgeteilte Öffentlichkeit dafür, dass die Plausibilität der Auffassungen im eigenen Milieu kaum hinterfragt wurde. Diese Milieuzugehörigkeiten waren in der Regel über familiäre Zugehörigkeiten bestimmt, und ihre Wertorientierungen wurden im Rahmen familialer Sozialisation weitergegeben und vielfach auch durch Konfessionsschulen und weltanschaulich orientierte Jugendgruppen in der kritischen Jugendphase stabilisiert. *Die in diesen Zusammenhängen wirksamen kirchlichen Formen der Glaubensweitergabe erfuhren hier somit nachhaltige Verstärkung durch das sozialisatorische Umfeld.* Personen und Generationen, die solchermaßen sozialisiert aufgewachsen sind, behalten auch im Erwachsenenalter i.d.R. stabile religiöse bzw. weltanschauliche Einstellungen.

Dieses weltanschaulich homogene Sozialisationsarrangement war für einen schnell wachsenden Teil der nach dem zweiten Weltkrieg heranwachsenden Generationen nicht mehr gegeben. Und die Veränderung war in Westdeutschland besonders ausgeprägt.[112] Die 68er Bewegung führte zu einer allgemeinen Institutionenkritik, welche unter Berufung auf ein aufklärerisches Emanzipationsverständnis die Plausibilität herrschender Legitimationen auf breiter Front in Frage stellte: „Hinter den Talaren – Muff von tausend Jahren"! In der Konsequenz hat dies zu einer nachhaltigen ‚Individualisierung‘ – Kritiker würden sagen: zu einem Orientierungsverlust – der nachfolgenden Generationen beigetragen.

Aber warum, so wäre weiter zu fragen, trat die freiwillige Glaubensbejahung nicht in einem einigermaßen stabilen Umfang an die Stelle der politisch und sozial kontrollierten Zugehörigkeit? Ein diesbezügliches Gegenbeispiel bieten die Vereinigten Staaten, wo sich die Wahlfreiheit hinsichtlich eines *bestimmten* Bekenntnisses bereits früh durchsetzte, aber die Erwartung der Zugehörigkeit zu *irgend einem* religiösen Bekenntnis jedoch bis heute kulturell verankert und weitgehend sozial sanktioniert ist. „Während in europäischen Gesellschaften religiöse Verschiedenheit (Abweichung) als Bedrohung des gesellschaftlichen Zusammenhalts gesehen wurde, war in den Vereinigten Staten gerade die Duldung einer derartigen Vielfalt eine notwendige Bedingung dafür."[113] Dort gelang es also, die Religionszugehörigkeit als Moment einer positiven Freiheitsbetätigung auch im Horizont der Aufklärung zu verankern. Da die Religionsgemeinschaften dort zunehmend um Mitglieder konkurrieren mussten, blieb auch der dem Christentum immanente missionarische Auftrag als gelebte Praxis lebendig, und die partizipativen Gewohnheiten der amerikanischen Demokratie ‚vor Ort' schlugen sich auch in der Praxis der meisten Kirchen nieder. Die Denominationen leben im wesentlichen auf der Ebene der Kirchengemeinden, die sich sehr um die Gewinnung neuer Mitglieder bemühen.

Im Gegensatz zu Amerika blieb das Christentum in Europa bis ins 20. Jahrhundert in den meisten Ländern staatskirchlich oder sonstwie konfessionell monopolistisch verfasst. Freikirchliche Bestrebungen spielten nur eine untergeordnete Rolle, so dass die Kirchenleitungen kaum unter Konkurrenzdruck gerieten und das partizipative Moment sich erst spät entwickelte. Vielfach wurde die *Kirchenzugehörigkeit auch als traditionales und tendenziell freiheitsbeschränkendes Moment wahrgenom-*

men, wozu die Praxis der katholischen Kirche bis zum II. Vatikanum und die kollektive Erinnerung an konfessionelle Auseinandersetzungen auch innerhalb des Protestantismus beitrug.[114] Es scheint also so etwas wie ein kollektives Gedächtnis zu geben, durch welches Traditionen und Traumata vielleicht weniger inhaltlich, als hinsichtlich ihrer Wertigkeit von Generation zu Generation weitergegeben werden.

Alles in allem steht zu vermuten, dass in Deutschland und einigen anderen europäischen Staaten der Verlust konfesssioneller Milieubindungen ein entscheidender Faktor für die sinkende Verbundenheit der Bevölkerung mit ihren Kirchen und für die sinkende Plausibilität dessen, was die Kirchen vertreten, geworden ist. Dabei scheint als Folge des Verlustes der Milieubindungen der kirchliche Anspruch nun als fremdbestimmender in Widerspruch zu den eigenen Autonomieansprüchen zu geraten. Dies könnte auch erklären, weshalb Eltern heute zunehmend auf den Versuch verzichten, ihren eigenen Glauben ausdrücklich an ihre Kinder weiterzugeben, und dies statt dessen als eine Frage der eigenen Entscheidung ihrer Kinder betrachten.

2.3 Optionserweiterung

Ein auch für die im Vorangehenden skizzierten Entwicklungen maßgeblicher Einflussfaktor verdient eigenständige Erwähnung, da er nicht nur zum Plausibilitätsverlust traditioneller Orientierungen, sondern auch zum *Relevanzverlust der Kirchenzugehörigkeit* beiträgt. Die allgemeine Wohlstandssteigerung und die damit einhergehenden technologischen Fortschritte bewirkten nach dem zweiten Weltkrieg eine weitreichende Veränderung der Lebensbedingungen und der Wahrnehmungshorizonte: Die allgemeine Motorisierung und die Verbreitung des Fernsehens, die zunehmende Bildungsbeteiligung, die Einbeziehung auch der verheirateten

Frauen in die außerhäusliche Erwerbstätigkeit, die Verkürzung der Arbeitszeiten und die wachsende Bedeutung des Tourismus führten zu einer *alltäglichen Horizonterweiterung von bis dahin unvorstellbaren Ausmaßen.* Immer größere Weltausschnitte und immer mehr Möglichkeiten wurden dem einzelnen bewusst, und zugleich vervielfältigten sich die Möglichkeiten auch tatsächlich. Mehr noch: Von den technischen Fortschritten und der vor allem in den letzten drei Jahrzehnten wiederum zunehmenden wirtschaftlichen Konkurrenz geht eine Beschleunigung des sozialen Wandels aus, der auch die Lebensverhältnisse, insbesondere der nachwachsenden Generationen, in atemberaubender Weise verändert.

Immer häufiger stellen sich Fragen der Lebensführung, auf die die Traditionen der Herkunftsmilieus keine plausiblen Antworten bereithalten. Deshalb wächst der Einfluss der Gleichaltrigen, der Bildungs- und Beratungseinrichtungen und der Massenmedien zu Lasten der Herkunftsmilieus und ihrer hauptsächlichen Träger: Familie und Kirche.

Aber auch unabhängig von diesem Plausibilitätsverlust, der mit Bezug auf die Familienbeziehungen eher ein Übergangsphänomen zu sein scheint, muss auf einen sehr elementaren Sachverhalt aufmerksam gemacht werden: *Je mehr Möglichkeiten zur Auswahl stehen, desto geringer wird die allgemeine Wertigkeit oder Relevanz jeder einzelnen Möglichkeit.*[115] Ausnehmend wertvoll und relevant werden Möglichkeiten nun nur noch, sofern ihnen eine solche Wertigkeit im Akt des Auswählens *seitens der Wählenden selbst* gegeben wird. Der Trend zur Optionserweiterung beeinträchtigt somit nicht nur die Plausibilität von Traditionen, sondern erzeugt auch einen fortgesetzten *Entscheidungsdruck.* Das Individuum steht nunmehr vor der Alternative, die jeweils nächstbeste ihm präsentierte Möglichkeit zu ergreifen, oder aber eigene Strategien des Umgangs mit der Komplexität der Möglichkeiten zu entwickeln und *durch reflektierte Wahl sein ,eigenes Leben' zu gestalten.* Reflektierte Wahl heißt jedoch stets auch: bewusster Verzicht auf *andere* Möglichkeiten. Und so bedarf es einer gewissen inneren Distanzierungsfähigkeit von gegenwärtigen Situationen und brauchbarer persönlicher Auswahlkriterien, ja individuell zu entwickelnder Entscheidungsroutinen, um sich einen Handlungsspielraum zu erhalten. Nicht von ungefähr wird das ,Zeitmanagement', also der strategische Umgang mit der je eigenen Lebens-, Jahres-, Wochen- und Tageszeit unter dem Gesichtspunkt eigener Wünsche und Ziele zu einem aktuellen Thema der Lebensberatung.[116]

Die Auswahlkriterien sind in dieser Situation *strukturell subjektiv,* d. h. die unter Bedingungen manifester Überkomplexität lebenden Menschen sind um ihrer Selbstbehauptung und Handlungsfähigkeit willen *genötigt,* eigene Zielvorstellungen und darauf bezogene Entscheidungskriterien zu entwickeln. Keine Institution ist strukturell in der Lage, in ihren Leitbildern und Normsystemen einen der komplexen Entscheidungssituation der einzelnen angemessenen Satz von Entscheidungskriterien und -routinen anzugeben, auch nicht die christlichen Kirchen. Der Respekt vor der Selbstbestimmung des einzelnen, der von den reformatorischen Kirchen zum mindesten dogmatisch, wenngleich nicht immer praktisch, schon seit langem vertreten wurde, hat schließlich in der Anerkennung der Religions- und Gewissensfreiheit durch das II. Vatikanische Konzil auch im Katholizismus grundsätzlich Fuß gefasst.

Von dieser Selbstbestimmung wird heute in Europa zunehmend im Sinne eines Abschieds oder zum mindesten Desinteresses an *den Kirchen* Gebrauch gemacht. Diese Distanzierung betrifft jedoch nicht die Kirchen allein, sondern auch andere Großorganisationen wie z. B. die Gewerkschaften oder die Parteien. Die ihrer Tendenz nach ganzheitliche

Inpflichtnahme, welche mit der milieuspezifischen Verankerung dieser Großorganisationen verbunden war, erscheint
heute, da der einzelne nicht mehr von den Plausibilitäten eines umfassenden weltanschaulichen Milieus getragen wird,
als Bedrohung der eigenen Autonomie. In den USA dagegen
brachte es die frühe Verankerung der Religions-, Glaubens-
und Gewissensfreiheit mit sich, dass die Wahlmöglichkeit,
aber auch die Notwendigkeit freier Entscheidung für bestimmte weltanschauliche Orientierungen weit stärker in
den kulturellen Selbstverständlichkeiten verankert ist.

3. Der Ernstfall der (Post-) Moderne

Diese Beobachtungen führen zu einem zweiten Fragenkom-
plex, nämlich nach den Bedingungen einer *personenbezogenen Relevanz des Christentums*. Im Vorangehenden wurde
die funktionale Notwendigkeit persönlicher Selbstbestimmung unter den Bedingungen einer überkomplexen Moderne plausibel gemacht. Und gegen Ende des letzten Kapitels
war vom „Ernstfall der Moderne" als dem Problem die Rede,
dass der einzelne sich zunehmend ohne durch seine Lebenswelt stabilisierte Vorgaben „selbst erfinden" müsse. *Lebensführung wird so zu einem Problem fortgesetzter persönlicher
Entscheidungen*. Wie aber gelangt der Mensch zu solcher Ent-
scheidungsfähigkeit?

3.1 Das Problem der Identität
Unter den Bedingungen homogener sozialer Milieus erscheint die sogenannte *Verinnerlichung von Werten und Normen*, also ihre Übernahme aus den verbreiteten Auffassungen
der Umwelt als eine zureichende Antwort, und so argumen-
tierte noch die Sozialisationstheorie im Gefolge von Talcott

Parsons. Mit der Heterogenisierung und Entstrukturierung der Lebenswelten kann diese Erklärung jedoch nicht mehr überzeugen. Man hat daraufhin *Identitätsentwicklung* oder ‚die autonome Persönlichkeit' zum Sozialisationsziel erklärt, ohne recht erklären zu können, wie sie zustande kommt. Und im Kontext postmoderner Diskurse wurde gelegentlich auch empfohlen, angesichts der Pluralität von Sinnhorizonten und der unüberschaubaren Vielfalt von Möglichkeiten den Menschen *die Konsistenz von Identitätsansprüchen gar nicht mehr zuzumuten.* Dann allerdings wäre der angesprochene Ernstfall der Moderne eingetreten: Die im Namen menschlicher Selbstbehauptung angetretene Moderne würde sich dann endgültig als leeres Versprechen entpuppen.

Sieht man von einer wichtigen Vorarbeit Lothar Krappmanns ab,[117] so ist – zum mindesten im deutschen Sprachraum – erst in jüngster Zeit durch die Arbeiten von Hans Joas ein gewisses Licht in die Bedingungen menschlicher Autonomie gebracht worden.[118] Joas knüpft dabei an Denktraditionen des in Europa stets unterschätzten amerikanischen Pragmatismus an, insbesondere an die Religionstheorie von William James.[119] James, der auch persönlich schon früh in einen existentiellen Konflikt zwischen wissenschaftlichem Determinismus und menschlicher Freiheit geraten war, stellte in seinem Versuch, der religösen Erfahrung einen Ort in einer nachmetaphysischen, von wissenschaftlichen Wahrheitskriterien imprägnierten Kultur zu sichern, einen direkten Zusammenhang zwischen „persönlicher Religion" und dem menschlichem Willen her, der uns zurück in die Nähe jener mittelalterlichen Bestimmung des Menschen als ‚ens morale' führt (vgl. III.1).

3.2 Werteentstehung als verbindliche Erfahrung

James wie die franziskanische Theologie des Mittelalters insistieren auf der *Inkommensurabilität zwischen Naturverhältnissen und menschlichen Verhältnissen.* Letztere sind konstitutionell von der menschlichen *Willensfreiheit* bestimmt, welche bei den Franziskanern trinitätstheologisch, bei James dagegen phänomenologisch plausibilisiert wird: „Es gibt demnach Fälle, wo eine Tatsache überhaupt nicht eintreten kann, wenn nicht vorher ein Glaube an ihr Eintreten da ist. Und wo der Glaube an eine Tatsache helfen kann, sie zu schaffen …"[120] Wir werden hier an das bekannte Thomas-Theorem erinnert, das ebenfalls aus dem Horizont des amerikanischen Pragmatismus stammt: „If men define situations as real, they are real in their consequences." Bei James ist allerdings nicht von kollektiven Definitionen, sondern von Betätigungen eines *individuellen Vermögens* – ‚Glaube' – die Rede.

Aber wie kommt solcher nicht im wissenschaftlichen Sinne beweisbarer Glaube zustande? Er beruht auf *persönlichen Erfahrungen,* die einer Person das *Selbstvertrauen* in die Richtigkeit ihres Tuns geben. Diese für alle Formen kreativen Handelns charakteristische Konstellation wird von James mit Bezug auf „persönliche Religion" wie folgt zugespitzt: „ … die Gefühle, Handlungen und Erfahrungen von einzelnen Menschen in ihrer Abgeschiedenheit, die von sich selbst glauben, dass sie in einer Beziehung zum Göttlichen stehen."[121] Diese Definition ist wesentlich spezifischer als der von Thomas Luckmann im Hinblick auf moderne Gesellschaften entwickelte Religionsbegriff, welcher auf „subjektive Erfahrungen verschiedenster diesseitiger und jenseitiger Transzendenzen" abhebt.[122]

Zwar wird auch bei James keine inhaltliche Bestimmung des ‚Göttlichen' vorausgesetzt, wohl aber eine *qualifizierte Erfahrung von besonderer Verbindlichkeit,* wie sie beispielsweise als feierliche, mystische oder enthusiastische beschrieben werden kann. Die dadurch ausgelösten Gefühle „sind für die, die sie haben, genauso überzeugend wie jede andere unmittelbare sinnliche Erfahrung, und sie sind in der Regel viel überzeugender als alle Ergebnisse, die auf dem Wege der reinen Vernunft gewonnen werden. … wenn man sie stark hat, kann man sie wahrscheinlich nur als echte Wahrheitserkenntnisse, als Offenbarungen einer Art von Realität betrachten, die kein Gegenargument entkräften kann, selbst wenn man ihm mit Worten nicht gewachsen ist."[123] Selbstverständlich werden die durch solche Erfahrungen ausgelösten *Bindungen nicht als fremdbestimmt, sondern als tiefster Ausdruck des Eigenen erfahren*; religiöse Erfahrungen dieser Art vermögen einer Person eine ‚widerstandsfähige Identität' zu vermitteln, die sich als Selbstbehauptung in den verschiedensten Lebenskontexten äußern kann. Auch aus anderen psychologischen Schulen, etwa der humanistischen Psychologie Viktor Frankls wird auf die Bedeutung solcher starker, sinnkonstituierender Erfahrungen hingewiesen.[124]

Joas erweitert diese Perspektive auf den Gesamtbereich der so genannten „starken Wertungen", an denen wir uns beim Abwägen unterschiedlicher Entscheidungsalternativen in letzter Instanz orientieren. Sie zeichnen sich dadurch aus, dass unter ihrem Einfluss „wir … von Gefühlen der Empörung, der Scham oder der Schuld, der Ehrfurcht oder Bewunderung ergriffen (werden)."[125] Sie werden von Joas als *Erfahrungen von Selbstbindung und Selbsttranszendenz* interpretiert, welche das charakteristische Moment persönlichkeitsbestimmender ‚Werte' ausmachen. In einer Auseinandersetzung mit dem Vertreter eines postmodernen Indifferentismus, Richard Rorty, macht Joas deutlich, dass dieser „gegen seine Absicht, in seiner Begründung eines Minimums öffentlicher Solidarität auf die Dimension moralischer Gefühle und auf die Konsistenz des Selbst (stößt), von der die postmoderne Kritik gerade hatte loskommen wollen."[126]

Ich muss diese knappe Skizze mit der zusammenfassenden These abbrechen, *dass menschliche Autonomie nicht einfach eine zur Reifung kommende Anlage, sondern eine in Erfahrungen von Selbstbindung und Selbsttranszendenz sich allmählich entwickelnde Eigenschaft des Menschen ist, die ihm eine sichere Stellungnahme zu seinen Bedürfnissen und Wünschen, aber auch zu seinen Handlungen sowie zu den Meinungen und Handlungen anderer gestattet.* Autonomie äußert sich in der Fähigkeit zu konsistenten Entscheidungen, also zu intentional kohärent gerichteten Wahrnehmungen, Interpretationen und Wahlhandlungen, welche einer Person ein bestimmtes, meist auch für Dritte erkennbares, Verlässlichkeit suggerierendes und vielfach auch Vertrauen erzeugendes Profil vermittelt. Damit ist weder etwas über den Inhalt dieser ‚starken Werte' noch über die rechtliche oder moralische Qualität autonomer Handlungen gesagt; sondern nur eine bestimmte, im Horizont der westlichen Kultur hoch positiv bewertete Persönlichkeitskomponente benannt.[127] Selbstbehauptung setzt im Horizont erfahrbarer Überkomplexität der Welt einen reflexiven Umgang mit dem eigenen Leben voraus, der heute vor allem unter dem Stichwort ‚Biographie' verhandelt wird.[128]

3.3 Religiöse Erfahrung?

Inwiefern handelt es sich bei den Selbstbindung und Selbsttranszendenz erzeugenden Ereignissen um *religöse* Erfahrungen? Der Religionsbegriff hat sich in jüngerer Zeit deutlich erweitert und individualisiert. Die christlichen Kirchen stehen nicht mehr im Zentrum des öffentlichen Interesses an ‚Religion', sondern „neue religiöse Kultformen, – Überbegriff für Esoterik, New Age, synkretistische Mythensuche, Psychoboom, Ökospiritualität, Magie- und Okkultpraktiken, Naturheil- und Lebenshilfegurus" als „postmoderne Variante der Volksreligiosität".[129] Was diese „Sehnsuchtsreligionen" charakterisiert, ist eben die Sehnsucht nach religiöser Erfahrung, welche im Rahmen der herkömmlichen Kirchen immer seltener gestillt zu werden scheint.[130] Allerdings weist die Mobilität der ‚Sehnsuchtsreligiösen' zwischen den verschiedenen ‚Angeboten' darauf hin, *dass es offenbar nur selten zur Stillung dieser Sehnsucht in der Form qualifizierter, verbindlicher Erfahrungen im von James beschriebenen Sinne kommt.*

Diese als ‚religiös' zu bezeichnen, wird jedoch nicht nur durch den neueren subjektivistischen Sprachgebrauch von ‚Religion', sondern auch durch den Erfahrungsschatz der Hochreligionen bestätigt, deren Konversionen und mystische Erfahrungen als typische Beispiele auch für James gelten. Allerdings besteht eine Differenz insofern, als der zeitgenössische Begriff von ‚Religion' im Horizont protestantischen Innerlichkeitsdenkens diese mit ‚Religiosität' gleichsetzt, wobei die Thematik solcher Religiosität im wesentlichen auf das Thema der ‚Selbstsuche' oder günstigenfalls ‚Selbstfindung' als ‚Heilserfahrung' reduziert wird.[131]

Weder James noch Joas behandeln die sozialisatorischen Aspekte dieser ‚Werteentstehung'. Wir dürfen jedoch aufgrund ihrer Ausführungen vermuten, das beim Ausfallen von derartigen ‚werteprägenden Erfahrungen' auch die Persönlichkeitsentwicklung leidet. Wer nicht weiß, was er will, wem also situationsübergreifende Leitvorstellungen und Wertbindungen fehlen, scheint auch im praktischen Leben unter überkomplexen Bedingungen in charakteristischer Weise benachteiligt.

Es bedarf zur Werteentstehung zweierlei: Zum einen der Anlässe für entsprechende Erfahrungen und zum anderen der Verfügung über entsprechende Deutungsmuster. Anlässe und Deutungsmuster sind heute im Erfahrungshorizont der

meisten Menschen weit heterogener als früher, und dementsprechend dürften auch persönlichkeitsbestimmende Wertorientierungen heute weit vielfältiger ausfallen. Vor allem im
Bereich von Familie und von sonstigen festen persönlichen
Beziehungen sind aber auch heute noch Ereignisse von werte-
prägendem Charakter wahrscheinlich. Es können jedoch
auch im Rahmen sozialer Bewegungen oder unter dem Eindruck dramatischer Ereignisse, wie z. B. von Kriegen, kollektiv prägende ,Werte' zustande kommen. So dürfte z. B. bei
den meisten Juden und Deutschen allein die Nennung des
Wortes ,Auschwitz' zwar unterschiedliche, aber stark wert-
besetzte Assoziationen auslösen. Wahrscheinlich entstehen
Wertbindungen auch unter den gegenwärtigen Bedingungen
jedoch nicht nur durch dramatische, einmalige Ereignisse,
sondern verfestigen sich auch aufgrund wiederholter, emotional schwächerer Erfahrungen, deren Deutung in eine bestimmte, gleiche Richtung weist.

4. Zu den Aussichten des Christentums

Was haben diese Überlegungen jedoch mit den Kirchen und
mit dem Christentum zu tun? Diese Begriffe wurden bisher
recht umgangssprachlich verwendet, doch nunmehr muss
eine analytische Perspektive eingeführt werden. Wir können
aus soziologischer Sicht drei hauptsächliche Ebenen der sozialen Präsenz des Christentums unterscheiden: eine kulturelle, eine institutionell-organisatorische und eine personenbe-
zogen-individuelle.

4.1 Kulturelle Präsenz

Unter Kultur verstehe ich in diesem Zusammenhang das kollektive Gedächtnis einer Gesellschaft, also den aktualisierbaren Vorrat an Deutungsmustern und ihre sinnhaften Zusammenhänge, wie sie heute vor allem durch die Wissenschaften, aber auch durch einflussreiche Literaten, Künstler und Kommunikatoren sowie durch häufig vergegenwärtigte Dokumente der Vergangenheit z. B. in den Massenmedien, aber auch im Bildungswesen erinnert werden. Insofern ist die kulturelle Präsenz des Christentums zum einen von der Lebendigkeit seiner Gebets- und Kultpraxis, sodann von der Eindringlichkeit der öffentlichen Darstellung seiner Sinngehalte und nicht zuletzt von der Qualität der theologischen Auseinandersetzung im Rahmen von konkurrierenden Weltdeutungen abhängig.[132]

Besondere Einwirkungen gehen heute von der zunehmenden *Medialisierung unserer Kultur* aus, welche neuartige Formen der Kommunikation stimuliert, die die herkömmliche christliche Glaubensverkündigung antiquiert erscheinen lassen. Dabei geht es allerdings nicht nur um kompetenten Mediengebrauch, der – wie zahlreiche gelungene religiöse Produktionen in Rundfunk und Fernsehen zeigen – durchaus erlernbar und für religiöse Inhalte adaptierbar ist. Tiefer geht die Veränderung der Auffassungen über Wahrheit und Wirklichkeit, die mit der zunehmenden Virtualisierung der Medien noch radikalisiert wird.[133]

Die nachchristentümliche Situation, welche bei vielen Zeitgenossen Erinnerungen an frühere Auseinandersetzungen zwischen den Konfessionen sowie zwischen Kirche und Staat oder zwischen Kirche und Wissenschaft wachruft, muss dabei als Hypothek und Quelle fortgesetzter Religionskritik in Rechnung gestellt werden. Bedenklich erscheint im übrigen, dass auch innerhalb der Kirchen die Halbwertzeit ihrer neueren kulturellen Manifestationen in ähnlicher Weise schrumpft wie im Bereich der profanen Kultur. Wer liest und verbreitet denn noch die großartigen Texte des II. Vatikanischen Konzils und die ebenfalls weithin noch lesenswerten Texte der Würzburger Synode?

Kulturtheoretisch ist festzuhalten: Der christliche Glaube steht heute in Europa nicht so sehr in Konkurrenz zu anderen *religiösen* Formen des Kults und der Daseinsdeutung, denn die neuen religiösen Kultformen erreichen nur selten das Niveau einer *kulturellen* Herausforderung. Die nachhaltigste Herausforderung stammt von den *säkularen* Deutungsmustern, insbesondere der Wissenschaften, welche schon von ihren Prämissen her die Option eines Glaubens an welttranszendierende Kräfte ausschließen. Es scheint also heute einer weit grundsätzlicheren Umorientierung zu bedürfen, um in die Bezüge des herkömmlichen christlichen Gottesglaubens zu gelangen, als in einer weniger verweltlichten Kultur.[134]

Diese Umorientierung beinhaltet drei zentrale Elemente: (1) Die Annahme einer welttranszendenten göttlichen Kraft – diesen Glauben teilt das Christentum mit den übrigen monotheistischen Religionen; (2) die Annahme eines direkten Einwirkens dieser göttlichen Kraft auf die Menschheitsgeschichte durch Jesus Christus und (3) deren Fortwirken in der Menschheitsgeschichte durch einen ,Heiligen Geist', der den an ihn Glaubenden versprochen wird. Diese drei Elemente sind in den dominierenden römischen und byzantinischen Traditionen des Christentums glaubensmässig eng aufeinander bezogen und werden als *personale* Erscheinungen der göttlichen Kraft verstanden, welche in ihrer dreieinigen Personhaftigkeit auch das Urbild zwischenmenschlicher Beziehungen darstellt. Der christliche Glaube beinhaltet somit eine Berufung des Menschen zur Gottähnlichkeit, wie vor allem die griechischen Kirchenväter betont haben.

Wie angedeutet (vgl. IV.2.3), hat diese theologische Denkweise auch die säkularen Interpretationen menschlicher Würde und Autonomie, staatlicher Souveränität und des geschichtlichen Fortschrittsglaubens in der europäischen Aufklärung nachhaltig geprägt. Deren Hoffnungen sind jedoch im Zuge der fortschreitenden Modernisierung nicht weniger zweifelhaft als das Christentum geworden: Das Grauen moderner Kriege, der bis zur technisch organisierten Vernichtung sich steigernde Hass ethnischer Gruppen, die Gefährdungen der Biosphäre und nicht zuletzt die Infragestellung menschlicher Autonomie selbst haben auch das säkulare Denken selbstkritischer und skeptischer werden lassen. Die Zukunft der Moderne erscheint zwar aus anderen, aber nicht weniger plausiblen Gründen gefährdet als diejenige des Christentums.

Es würde zu weit führen, hier die vielfältigen Versuche und Auseinandersetzungen vorzustellen, welche „nach Auschwitz" zwischen den Polen Sinn- oder Seinshoffnung einerseits und Nihilismus andererseits geführt worden sind. Diese philosophischen Diskurse sind selbst Elemente einer kulturellen Selbstverständigung im Horizont der Moderne. Sie beinhalten sowohl den Versuch, ein minimales gemeinsames Ethos zu begründen als auch in einem nachmetaphysischen Kontext einen gemeinsamen Horizont der Hoffnung aufrechtzuerhalten: „Alles hat Sinn. Denn man darf den Unterschied zwischen Gut und Böse nicht preisgeben. Es muss daran festgehalten werden, dass Liebe einen Sinn hat. Dass der Kampf um Freiheit und Gerechtigkeit einen Sinn hat. Dass das Leiden der Leidenden einen Sinn hat. Das unverzichtbare ethische Grundpostulat ist geltend zu machen gegen die absolute Bedrohung mit absoluter und universaler Sinnlosigkeit, die von der konsequent durchgehaltenen Erfahrung des Nichts ausgeht."[135]

In dieser Situation wird die Säkularisierung vielfach als *Transzendenzverlust* gedeutet und auch in öffentlichen Diskursen nach Wegen zu einer Wiedererschließung von christlichen Traditionsbeständen im Horizont einer durch die Religions- *und* Modernitätskritik gegangenen Bewusstseinslage gesucht.[136] Bemerkenswert ist die starke Beachtung, die in diesem Zusammenhang dem jüdischen Denken auch in christlichen Kreisen geschenkt wird.[137] Vor dem Hintergrund der aufgezeigten Zusammenhänge zwischen christlichem Gottesverständnis und personalem Menschenverständnis lässt sich zum mindesten im Horizont der westlichen Kultur zu Recht vermuten, dass mit dem Verzicht auf die Frage nach Gott auch das kulturelle Selbstverständnis des Menschen radikal verändert würde.

4.2 Kirchliche Präsenz

Auf der institutionell-organisatorischen Ebene erscheint das europäische Christentum heute im wesentlichen in der Form der Kirchen, und nur auf diese Form hat sich die gesellschaftliche Öffentlichkeit in Europa eingestellt. Im Unterschied zum kirchlichen Pluralismus in den Vereinigten Staaten hat sich unter dem Einfluss der römischen Kirche und des evangelischen Staatskirchenrechts hier ein stark *verrechtlichtes Kirchenverständnis* durchgesetzt, in dem die Hauptamtlichen – ob Kleriker oder nicht – das Sagen haben. Der damit einhergehende hohe Organisationsgrad der Kirchen scheint – unbeschadet ihrer Angepasstheit an die von Großorganisationen beherrschte gesellschaftliche Wirklichkeit – heute der sozialen Vermittlung des Glaubens eher abträglich zu werden (vgl. VI.3.2).

Betrachten wir das Verhältnis der Bevölkerung zu den Kirchen, so wird deutlich, dass deren ‚Angebote‘ (selbst schon eine verräterische, die neue Situation anzeigende Formulierung) heute weit stärker als je zuvor *in Konkurrenz zu anderen*

Möglichkeiten stehen. Es gibt nur wenige ‚Güter', die von den Kirchen mit einer gewissen Exklusivität angeboten werden, und hierzu gehört insbesondere die Begleitung bei den Lebenswenden: Geburt, Heirat, Tod. Zunehmend entwickeln sich allerdings auch hier Alternativen. Und den Kirchen wäre dringend zu raten, von der Wirtschaft zu lernen, dass man heute immer weniger Einzelprodukte, sondern nur ‚komplexe Systemlösungen' mit Erfolg verkaufen kann. Das würde also z. B. bedeuten: Problemorientierte Ehevorbereitung und beratende Angebote der Ehebegleitung und Scheidungsprophylaxe; Sterbebeistand statt bloßer Beerdigung; Schwangeren- und Elternberatung, möglichst in Verbindung mit der Bildung von Elterngruppen, usw. *Eine Marginalisierung kirchlicher Angebote in der Konkurrenz der Möglichkeiten ist umso wahrscheinlicher, je weniger deren Bedeutung für die Lebensführung einsichtig wird.*

Es hat deshalb den Anschein, als ob heute weniger die Glaubwürdigkeit als die *gesellschaftliche Nützlichkeit* der Kirchen gefragt sei.[138] Es gibt heute eine weit verbreitete, *religiös indifferente Akzeptanz von ‚Religion'*, die sich auch im weitgehenden Fehlen antiklerikaler Diskurse in der Öffentlichkeit manifestiert. „Religion muss sein – die Menschen brauchen das", ist die einzige Aussage, die sich in einer Umfrage unter Führungskräften nahezu allgemeiner Zustimmung erfreute. Aber ‚Religion', das ist etwas für die anderen oder für die Allgemeinheit, nicht aber für einen selbst.[139] So lautet natürlich nicht das Gesetz, unter dem das Christentum angetreten ist.

Aus soziologischer Sicht sind jedoch diese gesellschaftlich zugeschriebenen Funktionen von Kirche und Christentum durchaus relevant. Wie bereits erwähnt, hat Westeuropa in seiner kritischen Entfaltungsperiode im 19. Jahrhundert erheblich von einer Revitalisierung des Christentums für seine Stabilisierung profitiert, und ohne diese wäre es auch nicht zur Entwicklung des Sozialstaates in Europa gekommen. Wird die moderne Gesellschaft in Zukunft auf derartige normativ stabilisierende Momente verzichten können? Hat diese Gesellschaftsform tatsächlich funktionale Äquivalente für alle vergehenden Traditionsbestände entwickelt, auch für das Christentum?[140]

Diese Frage wird durch die sogenannte *Globalisierung* noch verschärft.[141] Darunter wird das Zusammenwirken von vier zu unterscheidenden Entwicklungen verstanden: (1) Die immer dichtere und raschere Vernetzung der Welt im Bereich des Verkehrs- und Telekommunikationswesens; (2) die Entstehung und der Machtzuwachs transnationaler Akteure, deren Handlungen und Regelsysteme die nationalstaatlichen Rechtsordnungen übergreifen; (3) der Bedeutungsverlust nationaler Grenzen, welche kaum mehr Schutz gegen ausländische Einflüsse, sei es der wirtschaftlichen Konkurrenz, der Zu- und Abwanderung oder des Wissens- und Informationstransfers bieten; und schließlich (4) die Entstehung eines globalen Bewusstseins, das die ganze Welt als Zusammenhang begreift. Die Globalisierung gibt den modernisierenden und mobilisierenden Faktoren in Wirtschaft und Wissenschaft neue Schubkraft und stellt bisherige, die Lebenswelt der Bevölkerung schützende Faktoren wie die National- und Sozialstaatlichkeit in Frage.

Die nationalstaatliche Vergesellschaftungsform beruht auf dem Ethos der Anerkennung von Menschenrechten, der Demokratie und der kollektiven Verantwortung für ein bestimmtes Wohlfahrtsminimum aller Mitbürger. Auf der Ebene weltweiter Wirtschaftsbeziehungen ist ein Vermittlungsmodus zwischen wirtschaftlichen und nicht-wirtschaftlichen Interessen und Anliegen dagegen überhaupt noch nicht in Sicht. Das hat beispielsweise die 1. Generalversammlung der ‚World Trade Organisation' (WTO) in Singapur gezeigt, auf der es ausdrücklich abgelehnt wurde, über Fragen der Kinderarbeit auch nur zu sprechen. Diese Problematik unserer weltweiten Zukunft ließe sich leicht auf weitere Themen wie z. B. die Umwelt, das Verhältnis von reichen und armen Ländern oder die Probleme von Flucht und Wanderung ausdehnen. Je mehr das Bewusstsein weltweiter Interdependenz zunimmt, desto größer wird das Bedürfnis nach symbolischen Bezugspunkten menschheitlicher Gemeinsamkeit und nach verbindlicheren völkerrechtlichen Regeln werden. Die ökonomistische Einseitigkeit der WTO hat denn auch bereits bei ihrer 2. Generalversammlung in Seattle zu vielfältigen, wenngleich noch ziemlich chaotischen Protesten geführt, die mittlerweile viele globale Konferenzen begleiten.

Es ist unwahrscheinlich, dass angesichts der großen Zahl der Beteiligten die auftretenden sogenannten Kollektivgut-Probleme, also die effektive Vermittlung zwischen gemeinsamen Interessen und Einzelinteressen der beteiligten Staaten, allein auf dem Wege des politischen Interessenausgleichs gelingen kann. Hoffnung könnte hier die Stärkung des Horizonts gemeinsamer Wertvorstellungen gewähren. Inwieweit es sich dabei um ein ausdrückliches ‚Weltethos' im Sinne von Hans Küng handeln kann, muss offen bleiben. Eine Auseinandersetzung zwischen den großen Weltreligionen um das ihnen Gemeinsame könnte jedoch zweifellos zur *Schaffung eines normativen Weltbewusstseins* beitragen. Eine in diesem Sinne auch über das Christentum hinausreichende ökumenische Bewegung, wie sie nicht zuletzt von Papst Johannes Paul II. durch das Weltgebet der Religionen in Assisi angestoßen wurde, läge im übrigen auf der Linie einer öffentlichen Moralbekräftigung, die den Kirchen auch heute schon vielfach als besondere Funktion zugesprochen wird. Gerade die katholische Kirche als ältester ‚Global Player' scheint die hier sich öffnenden Möglichkeiten zu erkennen. Auf dieser Weltebene lässt

sich somit eine manifeste Funktion organisierter Religionsfor-
men erkennen, die ihre weitere Existenznotwendigkeit auch
im Horizont der westlichen Moderne plausibel macht.

4.3 Die Präsenz des Christentums auf der Individualebene

Die mehrfach erwähnten trinitätstheologischen Vorstellungen
sind zwar biblischen Ursprungs und haben seit dem Konzil
von Nizäa (325 n.C.) den expliziten Gehalt des christlichen
Glaubensbekenntnisses bestimmt, aber sie haben keineswegs
durch die Jahrhunderte stets das kollektive Gedächtnis der
Christen geprägt. Die Trinitätslehre ist die elaborierteste
Form des christlichen Glaubens, für die sich im wesentlichen
die Theologen interessieren. Das christliche Volk hat sich
meist an anschaulicheren biblischen Bildern wie Geburt,
Kreuzigung und Auferstehung Jesu, an Wundern und zunehmend auch an nicht-biblischen Ereignissen wie dem Leben
der Heiligen orientiert. Das Christentum lagerte sich in uns
heute manchmal wunderlich anmutenden Verbindungen mit
anderen Kulturelementen in die Lebensformen der Menschen
ein; z. B. ist das heute funktionslos gewordene Läuten der
Kirchenglocken am Morgen, Mittag und Abend eine letzte
Erinnerung an den durch Gebet überformten Tagesablauf
noch unserer Großeltern.

Es sind vor allem diese lebensweltlichen Stützen, welche
heute der Tradierung des christlichen Glaubens abhanden gekommen sind. Eben deshalb müsste sich dieser, um glaubwürdig zu sein, weit stärker an seinen zentralen Inhalten aus-
weisen als je zuvor. Wurde man durch die Jahrhunderte
hindurch Christ mittels der als selbstverständlich geltenden
Taufe, und blieb es gewohnheitsmäßig dank der den Tages-,
Jahres- und Lebenslauf strukturierenden kirchlichen Ereignisse, so erscheint heute zum Christ-Bleiben ein *Akt persönlicher
Bekehrung* notwendig. Die Anforderungen an die Gewinnung

neuer, gegen die Entkirchlichungstendenzen resistenter Mitglieder steigen damit für die Kirchen enorm an.

Der katholische Theologe Karl Rahner, dem wir u. a. eine vergleichsweise schonungslose Auseinandersetzung mit den Verhältnissen in seiner Kirche verdanken,[142] hat durchaus im Sinne der James'schen Überlegungen formuliert: „Der Fromme von morgen wird ein ‚Mystiker' sein, einer, der etwas ‚erfahren' hat, oder er wird nicht mehr sein, weil die Frömmigkeit von morgen nicht mehr durch die im voraus zu einer personalen Erfahrung und Entscheidung einstimmige, selbstverständliche öffentliche Überzeugung und religiöse Sitte aller mitgetragen wird."[143]

Man wird nüchtern zur Kenntnis nehmen müssen, dass die gegenwärtigen Formen kirchlicher Seelsorge an den nachwachsenden Generationen weitgehend vorbeigehen. Wenn man sich dem Gedanken öffnete, dass es darauf ankäme, junge Menschen an qualifizierte religiöse Erfahrungen heranzuführen, würde Aktivitäten mit Erlebniswert, wie z.B Wallfahrten, gemeinsame Bauprojekte, soziale Engagements usw. ein ganz anderer Stellenwert zukommen. Ferner wäre an den Ausbau sog. niederschwelliger Angebote zu denken, wie sie in der Form von ‚Stadtkirchen' zunehmend realisiert werden. Aber auch Initiativen mit Bewegungscharakter, die sich zur Verfolgung bestimmter Ziele zusammenschließen, z. B. Dritte-Welt-Gruppen, Kirchenvolksbegehren u.ä. sind unter diesem Gesichtspunkt positiv zu beurteilen. Allerdings können, nach einem vertieften Verständnis religiöser Erfahrung, derartige lebensweltliche ‚Erfahrungen' nur propädeutischen Charakter für das haben, was im christlichen Sinne Glaubenserfahrung meint.[144]

Deutlich wird aber aus diesen Überlegungen auch, dass die Zeitläufe hierzulande bis auf weiteres keine breitenwirksamen religiösen Erweckungsbewegungen erwarten lassen.

Wahrscheinlich ist an dem Satz „Not lehrt beten" mehr dran, als Kirchenleute wahrhaben wollen. Und da es Vernunft und Nächstenliebe verbieten, sich und anderen Not zu wünschen, bleibt es bei der nüchternen Einsicht, dass religiöse Erneuerung nur dort zu erwarten wäre, wo christliches Engagement sich in Probleme lösender Weise plausibel machen lässt. Dagegen spricht auch unter den Bedingungen der Moderne nichts Grundsätzliches. Nur bedürfte es größerer Imagination und Beweglichkeit.

Eine anders geartete Anwendung unserer Überlegungen ergibt sich hinsichtlich des sogenannten *Fundamentalismus*. Hierbei handelt es sich um eine meist kritisch gemeinte Bezeichnung für eine einengende Art kollektiver Grundsatztreue, die unter den gegenwärtigen postmodernen Bedingungen auffällt. Wo liegt das Problem? Nur um den Preis eines a priori Verzichtes auf vielfältige Optionen lassen sich heute die meisten Entscheidungssituationen noch auf auschließlich religiöse Kriterien hin vereinfachen. So war bereits im Altertum die Wahl eines asketischen Lebens in Einsamkeit beschaffen, das aber stets auf einer persönlichen Entscheidung beruhte. Freiwillige Askese könnte gerade in der Situation einer Überflussgesellschaft durchaus religiöse Zeichen setzen. Kollektive Versuche einer Abschottung von den Möglichkeiten der Zeit vermögen dagegen heute Dritte kaum zu überzeugen, da ihnen zu Recht oder Unrecht zwanghafte Methoden unterstellt werden. ,Fundamentalismus' ist eine polemische ideenpolitische Bezeichnung vor dem Hintergrund liberaler Werte. Aber offensichtlich sind bestimmte Folgen liberaler Werte, nämlich die Überforderung des einzelnen und die Legitimation des Rechtes der Stärkeren, vielen Menschen nicht als erstrebenswert einsichtig zu machen. Fundamentalismus vereinfacht das Leben und isoliert zugleich von den nicht Gleichgesinnten.

Religiöse Renaissancen in der Form christlich inspirierter religiös-sozialer Bewegungen haben sich in der Vergangenheit vielfach ereignet und sind auch für die Zukunft nicht auszuschließen. Sie würden sich aller Voraussicht nach eher am Rande als im organisierten Kernbereich der Kirchen ereignen und sich an der Auseinandersetzung mit Themen entzünden, die von den etablierten Gesellschaftsgruppen verdrängt werden. Innerreligiöse und sogar innerkirchliche Auseinandersetzungen könnten aus soziologischer Sicht im übrigen zu erneuten Relevanzgewinnen des Religiösen führen. Wahrscheinlich scheint mir, dass Impulse zu Renaissancen des Christentums in Zukunft eher aus Ländern der Dritten Welt als aus den alten Kernländern des Christentums entstehen. Die absehbare Spannung zwischen Dritter und Erster Welt dürfte auch an den christlichen Kirchen nicht vorbeigehen. Und der römische Zentralismus dürfte hiermit größere Schwierigkeiten haben als die übrigen Kirchen.

VI. Strukturschwächen der katholischen Kirche

Es ist unvermeidlich, dass dieses Kapitel wertender ausfällt als die vorangehenden. Für die katholische Kirche in Deutschland wurde das Jahr 2010 zum Jahr der manifesten Krise, nachdem zuerst in den Vereinigten Staaten, dann vor allem im katholischen Stammland Irland die Verbreitung sexueller Handlungen an Kindern und Jugendlichen innerhalb des Klerus und der verschleiernde Umgang der Hierarchie mit ihnen offenbar geworden waren. Erfreulicherweise ging in Deutschland die Initiative zur Erstveröffentlichung von Missbrauchsfällen nicht von irgendwelchen Journalisten, sondern von einem Ordensmann aus, dem Rektor des von Jesuiten geleiteten Gymnasiums in Berlin, P. Klaus Mertes S.J., und weitere kirchliche Einrichtungen haben sich diesem Prozess der Selbstreinigung angeschlossen. Der Vorsitzende der Deutschen Bischofskonferenz, Erzbischof Zollitsch, bezeichnet die durch die Umstände des Rücktritts des Augsburger Bischofs Mixa verschärfte Problemlage als die tiefste Krise der Kirche seit Kriegsende. Und sein Vorgänger, Kardinal Lehmann, mahnt in einer der wenigen dem Rang des Problems angemessenen öffentlichen Äußerungen von Bischöfen zum Missbrauchsskandal: „Wir dürfen uns als Kirche auch nicht wundern, wenn wir streng an jenen Kriterien gemessen werden, mit denen die Kirche sonst ihre sittlichen Überzeugungen vertritt, besonders hinsichtlich der Sexualität. Die aufgedeckten Missbrauchsfälle wirken hier wie ein Bumerang."[145]

Meine Entrüstung über die das Problem erneut verharmlosende Ergebenheitserklärung des Kardinals Sodano an den Papst im Ostergottesdienst 2010 veranlasste mich zu einem zornigen Artikel in der Frankfurter Allgemeinen Zeitung, der einiges Echo ausgelöst hat.[146] Ich will im Folgenden versuchen, meine dort geäußerte Kritik hier systematischer zu entfalten und den strukturellen Ursachen nachgehen, welche eine wichtige Voraussetzung für die gegenwärtige Kirchenkrise bilden.

1. Gibt es eine Kirchenkrise?

Die Sozialwissenschaften und erst recht die mediale Öffentlichkeit sind mit Krisendiagnosen rasch dabei. Diesseits aller dramatisierenden Übertreibungen hat das tiefere historische Gründe. Denn erst die Entstehung des modernen Zeit- und Geschichtsbewusstseins und damit die Legitimität des sozialen Wandels haben die Krisenmetapher als Deutungsmuster hervorgebracht, die im 18. Jahrhundert in engem Zusammenhang mit der Vorstellung von Revolution steht.[147] Unter Bezugnahme auf den Bedeutungsraum der griechischen Worte „krinein" (unterscheiden, entscheiden) und „krisis" können wir unter Krise zum einen den entscheidenden Moment verstehen, in dem sich der Fortgang eines Prozesses (z. B. einer Erkrankung) in eine bestimmte Richtung (z. B. Heilung oder Tod) entscheidet. Zum anderen ist von Krise die Rede, wenn soziale Zustände sich destabilisieren, als gefährdet und gefährdend erscheinen, insbesondere wenn das Vertrauen eines erheblichen Teils der Beteiligten in den gedeihlichen Fortbestand des bisherigen Zustandes schwindet.

Letzteres ist derzeit in weiten Teilen der katholischen Kirche der Fall, und zwar vermutlich bis in den Episkopat hinein. Bei der breiten Bevölkerung dürfte der Vertrauensschwund vor allem durch das Entsetzen über den Einzelfälle deutlich überschreitenden sexuellen Missbrauch von Kindern und Jugendlichen durch Kleriker bestimmt sein. Bei den mit den kirchlichen Verhältnissen Vertrauteren sind zwei gegenläufige Reaktionen zu finden: Entweder die Empörung über das jahrzehntelange Vertuschen der Probleme durch kirchliche Behörden und die damit verbundene Straffreiheit der strafrechtlich zum Teil als Verbrecher zu qualifizierenden Kleriker, bei gleichzeitiger Vernachlässigung der Opfer. Oder aber die Wahrnehmung einer zunehmenden Entfremdung zwischen Kirche und Öffentlichkeit, deren Kritik an den zutage getretenen Verfehlungen zum Teil jeglichen Respekt vor den hehren Aufgaben der Kirche vermissen lasse. Alle drei Arten der Empörung lassen ein „Weiter wie bisher …" nicht zu.

Im folgenden begründe ich die Ansicht, dass das gegenwärtige Regierungssystem der katholischen Kirche einschließlich seines theologischen Überbaus trotz des Zweiten Vatikanischen Konzils an traditionalen Ordnungsvorstellungen festhält, die sich erst im 19. Jahrhundert ausgeprägt haben; und dass diese zunehmend ihre Plausibilität verlieren, ja sich in ihrer inneren Dynamik als kontraproduktiv erweisen. Das Festhalten an diesen keineswegs ewigen, sondern höchst zeitbedingten Ordnungsvorstellungen und ihre Umsetzung durch die römische Kurie sind ein wesentliches Element der Probleme, die sich heute als Kirchenkrise manifestieren.

1.1 Die Auseinandersetzung der Katholischen Kirche mit der Modernisierung

Auch wenn die Anfänge der funktionalen Gesellschaftsdifferenzierung bis auf den Investiturstreit zurück gehen (vgl. Kapitel III.2), so blieb die praktische Verfassung der katholischen Kirche doch durch die Amalgamierung von geistlicher und weltlicher Herrschaft geprägt, bis zur französischen Revolution und ihrer imperialen Fortsetzung durch Napoleon. Während Napoleon sich mit dem Hochadel arrangierte, von dem er gerne anerkannt werden wollte, enteignete er das unermessliche Kirchengut als Manövriermasse für seine politischen Zwecke. Waren bis zum Reichsdeputationshauptschluss (1803) nahezu alle Bischöfe im deutschen Sprachraum adligen Geblüts, so waren die Adligen im Episkopat hundert Jahre später an einer Hand abzuzählen. Napoleon war der brutalste und erfolgreichste Modernisierer der katholischen Kirche, die erst unter der Herausforderung des Verlustes von Reichtum und weltlicher Macht sich wiederum auf die geistliche Dimension ihres Auftrags auf breiter Front besonnen hat.

Viele bereits auf dem Konzil von Trient beschlossene Reformen, insbesondere hinsichtlich der Priesterausbildung, wurden erst im 19. Jahrhundert flächendeckend verwirklicht. Die Disziplin in den Orden wurde wieder hergestellt, und es entstanden eine Vielzahl neuer Orden und Kongregationen. Die Weltmission gewann an Fahrt. In organisatorischer Hinsicht gerieten nunmehr die Bischöfe in weitgehende Abhängigkeit von Rom, und die Weltpriester in diejenige ihrer Bischöfe, nicht zuletzt mangels gesicherter Einkünfte aus den bis zur Enteignung verbreiteten Pfründen. Theologisch entstand mit der Neuscholastik ein einheitliches Denkgebäude für die römische Kirche. Neben diesen Fortschritten in der Professionalisierung des Klerus und der hierarchischen Kontrolle aller als katholisch geltenden Aktivitäten gelang auch eine weitgehende Verbindung zwischen Priesterreligiosität und Volksreligiosität, die in neuen Formen der Seelsorge und der religiösen Praxis (Marienverehrung, Wallfahrten usw.) ihren Ausdruck fand. Zahlreiche Frömmigkeitsbewegungen, aber auch soziale und politische Bewegungen entstanden unter den katholischen Laien, zumeist unter klerikaler Leitung. In Deutschland allerdings vermochten sich die Zentrumspartei und die überwiegend aus Katholiken bestehenden christlichen Gewerkschaften von der klerikalen Gängelung zu befreien. Das Pontifikat Leos XIII. (einer der wenigen Päpste der Neuzeit, für den es derzeit noch keine Initiativen zu seiner Heiligsprechung gibt!) war bahnbrechend hinsichtlich der kirchlichen Anerkennung der Demokratie als legitimer Staatsform und hinsichtlich der kirchlichen Verantwortung für die sozialen Risiken der Industrialisierung.

Diese notwendigerweise extrem summarische Skizze zeigt, *dass die katholische Kirche im 19. Jahrhundert keineswegs in ihre vorrevolutionären Zustände zurückstrebte, sondern sich unter den gewandelten Machtverhältnissen auf neue und ihrem Auftrag gemäßere Weise zu behaupten vermochte.* Sie bediente sich dabei im wesentlichen derselben Wissens- und Organisationsmittel, die in den von Protestantismus und Aufklärung kulturell dominierten Gebieten entwickelt und gepflegt wurden: Universitäten, Schulen, Krankenhäuser, Vereine, Parteien, Bücher, Zeitschriften und Zeitungen. Man wird also durchaus von einer Modernisierung der katholischen Kirche sprechen können, die sich allerdings auf die praktische Seite beschränkte. In doktrinaler Hinsicht wurde die Kirche dagegen zum beredtesten Gegner der Aufklärung.

Der erste Versuch einer Umsetzung aufklärerischen Gedankenguts in Frankreich endete bekanntlich mit dem Terror der Guillotine, und die Fortsetzung der Aufklärung mit anderen Mitteln durch Napoleon versank im Fiasko seiner Großmachtpläne. In der mit dem Wiener Kongress beginnenden Restaurationszeit vermochte der Papst seinen Kirchenstaat zu retten und die Kirche als antirevolutionäre Kraft zu profilieren. Vor allem unter Pius IX. (Syllabus errorum), und dann erneut unter Pius X. wurden wesentliche Postulate der Aufklärung in ihren Auswirkungen auf die Kirche als ‚Modernismus‘ verdammt, so insbesondere die historisch-kritische Methode der Bibelauslegung, die Gedankenwelt des Liberalismus und die Relevanz der subjektiven Glaubenserfahrung. Statt dessen wurden die rationalistische Neuscholastik und die mit ihr verbundene objektivistische Naturrechtslehre als verbindliches theologisch-philosophisches Wissenssystem zur Grundlage des katholischen Glaubens erklärt.[148] Die Praxis päpstlicher Enzykliken trug wesentlich dazu bei, Orientierung für das Verhältnis der Katholiken zu aktuellen Problemen und Streitfragen zu geben.

Die Dogmatisierung von Unfehlbarkeit und Jurisdiktionsprimat des Papstes auf dem ersten Vatikanischen Konzil (1870/71) ist auch als Reaktion auf den Verlust weltlicher Macht zu verstehen. Die neuen, streng hierarchischen Strukturen wurden mit Hilfe der ultramontanen Papstfrömmigkeit nicht nur legitimiert, sondern als ,heilig' erklärt, d. h. aller innerkirchlichen Kritik enthoben.[149] Die entsprechenden Denkmuster wurden seit dem „dictatus papae" des Papstes Gregor VII. (1075) entwickelt, gewannen jedoch kirchenweite Akzeptanz erst mit dem genannten Konzil. Damit wurde eine neue Tradition geschaffen, die sich selbst als von Anfang an in der Kirche angelegt und damit als unwandelbar versteht, was jedoch historisch gebildeten Menschen heute nicht mehr zu vermitteln ist.

Auch wenn man die Umstrittenheit aufklärerischen Gedankenguts im 19. und in der 1. Hälfte des 20. Jahrhunderts in Rechnung stellt, bleibt erklärungsbedürftig, *wie es der katholischen Kirche gelang, die Katholiken Europas in Konkurrenz zur nationalen Bewegung auf ein transnationales, ,ultramontanes' Programm zu verpflichten.* Eine wesentliche Voraussetzung bildete die nach wie vor überwiegend konfessionelle Gliederung der Territorien im ehemaligen Römischen Reich deutscher Nation, so dass der alltagspraktische Kontakt mit Andersdenkenden, insbesondere Protestanten, gering blieb, mit Ausnahme der wenig einflussreichen Diaspora. In den Ländern, in denen die Reformation erfolgreich unterdrückt oder ferngehalten worden war, manifestierte sich die Aufklärung häufig als antiklerikale bis agnostisch-atheistische Bewegung, so dass es zu einer politischen Polarisierung zwischen Katholizismus und Laizismus kam. Die erwähnten Organisationsmittel wurden von den Katholiken besonders systematisch eingesetzt und trugen dazu bei, wiederum ein dichtes Kollektivbewusstsein zu bilden und eine Priorität konfessioneller Orientierungen über andere (z. B. wirtschaftliche) Interessen zu verankern. Ihre Wirkung wurde durch den Druck der herrschenden, meist protestantischen oder laizistischen Kultur gestärkt. *So entstanden in vielen europäischen Ländern ‚katholische Milieus‘, also gemeinsame soziale Lebenswelten von Katholiken im Rahmen einer übergreifenden katholischen (Sub-)kultur, beide im wesentlichen geprägt von der unter strikter römischer Kontrolle stehenden Klerikerkirche.* Sie bildeten günstige Voraussetzungen für den Erhalt der Orthodoxie wie auch für die Weitergabe des Glaubens an die nachwachsenden Generationen, also für Traditionsbildung. In diesem Sinne wurde in Kapitel IV.2 von einer Verkirchlichung des Christentums gesprochen.

Die Plausibilität einer *katholischen Weltanschauung* beruhte somit auf der zum Teil unfreiwilligen, zum Teil gewollten Abschottung des katholischen Bevölkerungsteils von den modernisierenden Entwicklungen in Wissenschaft und Kultur sowie durch die kirchliche Publizistik und vor allem die kirchliche Verkündigung. Die neuscholastische Theologie lieferte im Verein mit den päpstlichen Verlautbarungen die Grundlage für ein in sich geschlossenes, seine eigene Autorität begründendes Sinnsystem: „Extra ecclesiam nulla salus“. Das fiel im Zeitalter der Großideologien (ca. 1830–1945) nicht besonders auf; die liberale Aufklärung und die sozialistischen Visionen mit dem ihnen gemeinsamen Fortschrittsglauben hatten einen ähnlich umfassenden Anspruch auf

Welterklärung, und auf bescheidenerem Anspruchsniveau leistete der Nationalismus Ähnliches. Dieses Zeitalter der Großideologien ging nach den Gräueln des zweiten Weltkriegs und für die USA im Vietnam-Krieg zu Ende.

1.2 Auflösungserscheinungen

Bereits in Kapitel I wurde ein Abbruch dieser Traditionen für den deutschen Fall diagnostiziert. Die Entwicklungen sind in anderen Ländern Westeuropas ähnlich, nicht jedoch in einigen Ländern des ehemaligen Ostblocks. Wieder anders stellt sich die Lage in Nord- und Südamerika dar, und erst recht in Afrika und verschiedenen Gegenden Asiens. Die jeweiligen historischen, kulturellen und politischen Kontexte, unter denen Katholiken leben, beeinflussen naturgemäß auch die Erscheinungsform des Katholischen. Von ‚Katholizismen‘ als sozialen Formationen ist sinnvollerweise nur dort zu sprechen, wo die Zugehörigkeit zur römisch-katholischen Kirche zu einem dominierenden sozialen Strukturierungskriterium geworden ist, wo sie also auch spezifische Wirkungen in anderen gesellschaftlichen Feldern zeigt.

Der deutsche Katholizismus ist insofern eine durchaus brauchbare Folie für das Bedenken der aktuellen Kirchenkrise, als hier die römischen Prinzipien mit Nachdruck vertreten werden. Eine boshafte Sentenz sagt über die Entstehung und Wirkung kirchlicher Normen: „In Spanien erdacht, in Rom beschlossen, in Deutschland befolgt".

Die Fokussierung auf die Verhältnisse eines Landes oder einer Großregion führt jedoch in die Irre, wenn nicht die *Romzentriertheit des Weltkatholizismus* in Rechnung gestellt wird. Wie keine andere Religion besticht der römische Katholizismus durch den Grad seiner organisatorischen Hierarchisierung und Zentralisierung. Die zentrale Kontrolle des Episkopats (Bischofsernennungen, Ad limina Besuche, Nuntiaturen) und der lehrenden Theologen hat sich durch die technische Verbesserung der Kommunikationsmittel noch intensiviert. Anders als bei anderen Weltreligionen stehen das Oberhaupt der römisch-katholischen Kirche und seine Gehilfen zu Recht im Fokus der öffentlichen Beobachtung. Dieses mediale Interesse hat zunächst durch das II. Vatikanische Konzil und zuletzt durch das medienwirksame Pontifikat von Johannes Paul II. enorm zugenommen und trägt im aktuellen Pontifikat auch zur Verbreitung der öffentlichen Kritik an Papst und Kurie bei.

Drei Ereignisse erhielten besondere öffentliche Resonanz: die Regensburger Vorlesung von Papst Benedikt XVI., welche durch ein schiefes Zitat aus der Kreuzfahrerzeit das Verhältnis zum Islam belastete; die Zurücknahme der Exkommunikation gegenüber den vier vom schismatischen Erzbischof Lefebvre geweihten Bischöfe, welche durch den Umstand an Brisanz gewann, dass einer dieser Bischöfe den Holocaust leugnet; und schließlich der Umgang nationaler Episkopate und der römischen Kurie mit den unter dem Klerus verschiedener Länder wiederholt aufgetretenen sexuellen Handlungen mit Kindern und Jugendlichen.

Aus soziologischer Sicht sind diese akuten Krisenphänomene jedoch vor allem Symptome einer tiefer gehenden Krise des zentralistischen römischen Kirchensystems und seiner Immobilität in Strukturfragen, worauf zurückzukommen sein wird. An dieser Stelle sei in Ergänzung zum in Kapitel V.2 Gesagten verdeutlicht, weshalb die im 19. und frühen 20. Jahrhundert sehr erfolgreiche Strategie der Sammlung der Katholiken unter der Verantwortung des Klerus und der Steuerung des Klerus durch einheitliche Vorgaben und umfassende hierarchische Kontrollen heute ihr Ziel verfehlt.

Der wesentlichste Grund ist gesellschaftlicher und nicht kirchlicher Art: Die Modernisierung und die mit ihr einher-

136

gehende Mobilisierung der Bevölkerung und Pluralisierung der Sinnsysteme bringt alle auf bloße Vergangenheitsorientierung basierten Traditionen ins Wanken. Sie verlieren ihre Selbstverständlichkeit und damit ihre unreflektierte Glaubwürdigkeit. Die Vergangenheit wird historisiert, sie erscheint nicht mehr als unwandelbare Tradition, sondern selbst als von historisch wandelbaren Umständen geprägt.

Die Katholische Kirche hat sich gegen diese Historisierung im 19. Jahrhundert durch eine sakrale Überhöhung ihrer Organisationsstruktur gewehrt, die in der feierlichen Dogmatisierung von Jurisdiktionsprimat und Unfehlbarkeit auf dem I. Vatikanischen Konzil ihren Höhepunkt fand. Aber auch der Widerstand gegen die wissenschaftliche Bibelkritik, die Behauptung eines „ewigen Naturrechts", als dessen Interpret sich die Kirche verstand, und die Verbindlichkeit der Neuscholastik als „philosophia perennis" waren kulturelle Strategien einer Verdrängung der Geschichtlichkeit des Kirchenverständnisses.

In der zweiten Hälfte des 20. Jahrhunderts beschleunigten sich der wissenschaftliche Fortschritt und der soziale Wandel. Die Grundsätze der Demokratie und der Menschenrechte setzten sich als Leitbilder menschlichen Zusammenlebens durch. Im Westen entwickelte sich eine höchst innovative Wirtschaft, deren Konsumgüterschwemme die Knappheitserfahrungen früherer Zeiten und anderer Räume vergessen ließ. In der Kultur dominiert aufklärerische Skepsis: Behauptete Wahrheiten werden kritisch geprüft, die Halbwertzeit wissenschaftlicher Erkenntnisse und öffentlicher Überzeugungen sinkt. Die Katholiken kamen nolens volens in engeren Kontakt mit Andersdenkenden. Insbesondere das Fernsehen und später auch das Internet bilden umfassende Strukturen der Öffentlichkeit, denen sich niemand entziehen kann. Unabhängig davon, wie glaubwürdig die Botschaften im einzelnen sein mögen: Das kirchliche Interpretationsmonopol ist für die Katholiken zusammengebrochen, das Zweifeln wird zum Bestandteil des Glaubens, zum mindesten der einigermaßen gebildeten Katholiken.

Schon in einer frühen Phase dieser Entwicklungen berief Papst Johannes XXIII. im Jahre 1959 das Zweite Vatikanische Konzil ein, das von 1962–65 tagte. Sein Programm einer ‚Verheutigung‘ (aggiornamento) des Glaubens und einer ‚Öffnung der Kirche zur Welt‘ setzte sich gegen kuriale Widerstände in hohem Maße durch und zeitigte Ergebnisse, die von niemandem vorausgesehen waren. Aus der Perspektive einer an der Analyse von Machtverhältnissen und Interessen orientierten Soziologie war dieser in weitgehendem Konsens der Konzilsväter endende, jedoch teilweise höchst konfliktreiche Prozess keineswegs zu erwarten; ein Dauerkonflikt zwischen ‚Konservativen‘ und ‚Reformorientierten‘ wäre wahrscheinlicher gewesen. Dass es hierzu nicht gekommen ist, lässt sich soziologisch (!) durch das Phänomen des Glaubens an einen die Kirche führenden heiligen Geist erklären.

Das II. Vatikanische Konzil vermochte zwar die Selbstbeschreibung der Kirche glaubhafter zu machen, aber die kulturelle und wirtschaftliche Dynamik hat Auswirkungen bis in die privaten Lebensformen. Insbesondere die Lebensumstände der Frauen haben sich seither weiter verändert: Mädchenbildung und wachsende Chancen qualifizierter Berufstätigkeit haben das Leitbild der Hausfrauenehe weithin delegitimiert. Die bequemen Methoden der Kontrazeption haben den Zusammenhang zwischen Sexualität und Fortpflanzung gelockert und alltagspraktisch vielfach aufgehoben. Auch dies hat vor allem den Frauen größere Freiheit und Unabhängigkeit gebracht. Unterstützt durch die Doktrin der Menschenrechte gewinnt die Forderung nach Gleichberechtigung der Geschlechter an Gewicht. Die ausschließlich männerdominierte Klerikerkirche gerät in den Verdacht des bloßen Interesses an Besitzstandswahrung. Es gelingt ihr immer weniger, die Legitimität ihrer Ordnung plausibel zu machen, wie zuletzt das hilflose Verbot der Diskussion über die Frauenordination durch Johannes Paul II. gezeigt hat. Darüber hinaus hat die Rigidität Roms in Fragen der Empfängnisverhütung auch die Verbindlichkeit der kirchlichen Ehemoral in ‚gut katholischen' Kreisen lädiert.

Eine nachhaltige Beschädigung des römischen Ansehens in Deutschland resultierte aus der prinzipiellen Haltung Roms in der Frage der kirchlichen Beratungsstellen für Schwangere. Hier zeigte sich deutlich, dass Rom nicht zu Beratungen ‚auf Augenhöhe' mit der Deutschen Bischofskonferenz und erst recht nicht mit katholischen Laien und ihrer Vertretung bereit war. Der ehemalige Präsident des Zentralkommittees der deutschen Katholiken, Professor Hans Maier, warnte in einem privaten Brief Kardinal Ratzinger: „die Folgen (scil. des Verbotes kirchlicher Beratungsstellen) wären gravierend, sie kämen einer Selbstzerstörung gleich."[149a]

Diese und manche weitere Entwicklungen tragen dazu bei, die engen Verbindungen zwischen Klerikerkirche und Kirchenvolk im Katholizismus aufzulösen. Es lässt sich eine wachsende Entfremdung auch gläubiger Katholiken von der Kirche als Institution beobachten, welche im übrigen die persönlich bekannten Geistlichen in der Regel nicht mit umfasst.[150] Umgekehrt wächst der Eindruck einer wachsenden Entfremdung des Episkopats und insbesondere der römischen Kurie von den Lebenswirklichkeiten der katholischen Laien, wie sich insbesondere an Fragen der Ehemoral und in Deutschland zuletzt an der Auseinandersetzung über die Formen der Schwangerschafts-Konfliktberatung gezeigt hat. Mit dem Abtreten der durch das II. Vatikanum geprägten Bischofsgeneration scheinen sich diese Spannungen zu verschärfen. Derartige Konflikte dominieren die öffentliche Kirchenwahrnehmung und lassen die „frohe Botschaft" des „Fürchtet Euch nicht" in den Hintergrund treten.

1.3 Die Vergreisung der Klerikerkirche

Das offensichtlichste und vielleicht gravierendste Symptom der gegenwärtigen Kirchenkrise in Europa ist der Nachwuchsmangel, und zwar sowohl im Weltklerus wie in den Orden. Sein Korrelat ist die zunehmende Überalterung des Klerus, die die Attraktivität des Priesterberufs weiter mindert. Wo finden junge Menschen heute noch priesterliche Vorbilder? Neueste Zahlen besagen: „Die Zahl der Neubewerber für das Priesteramt hat in Deutschland mit 150 – so viel, wie allein im Erzbistum Köln in guten Jahren in den Dienst traten – ihren historischen Tiefstand erreicht, und niemand weiß, ob es nicht noch weniger werden. Seit zwölf Jahren ist die Zahl der Priester um 20 Prozent geschrumpft, das ist doppelt so viel wie der Rückgang des Anteils von Katholiken an der Bevölkerung."[151] Die Hilflosigkeit der Bischöfe dem Phänomen gegenüber ist eklatant und kam beispielsweise im Fastenhirtenbrief des Kölner Erzbischofs von 2009 zum Ausdruck, der im wesentlichen darauf hinauslief, die Gläubigen zum Gebet um mehr Priesterberufungen aufzufordern. Da es sich um meinen Diözesanbischof handelt, erlaubte ich mir, ihm dazu einen Brief zu schreiben, der mit folgenden Sätzen endete: „Eine Aufforderung zum Gebet, ohne von dem zu sprechen, was jungen Menschen den Priesterberuf anziehend machen soll, und vielleicht verbunden mit Überlegungen, was sich hierfür in der diözesanen Praxis ändern sollte (nicht nur bei den Gläubigen!), klingt eher wie das Pfeifen im dunkeln Wald denn als glaubensfrohe Zuversicht. Warum nehmen die Bischöfe die seinerzeitige Überlegung des längst verstorbenen Bischofs Tenhumberg nicht wieder auf, ob im Ausbleiben von Priesterberufungen möglicherweise ein Zeichen des heiligen Geistes zu erkennen sei, die Lebensform des Weltpriesters selbst zu ändern?" Eine Antwort habe ich nie erhalten.

Diese Hilflosigkeit hat ihren tieferen Grund in der Abhängigkeit der Bischöfe von Rom und den dort oktroyierten universalen Rede- und Handlungsverboten im Hinblick auf die Gestalt des Priestertums im 21. Jahrhundert. Was das für 2009/10 von Papst Benedikt XVI. ausgerufene „Jahr des Priesters" betrifft, so diagnostiziert Gisbert Greshake ein Wiedererstarken des „vorkonziliaren Klerikalismus", nicht nur durch die Propagierung des Pfarrers von Ars als priesterlichem Leitbild, sondern auch durch vielfältige römische Anweisungen zur Liturgie und zur Einschränkung der kirchlichen Dienste von Laien.[152]

Weitgehend vergessen werden in der aktuellen Diskussion die *Orden*. Dies ist besonders bedenklich, weil von der Spätantike bis zum II. Vatikanischen Konzil die Orden die zweite Organisationsform der Kirche neben der diözesanen Organisation bildeten, sozusagen das dynamische ‚Spielbein' neben dem Standbein der Diözesen. Die adligen Grundherren mit Brustpanzer und Mithra des Mittelalters und der frühen Neuzeit überließen das Streben nach christlicher Vollkommenheit den Orden, die vor den uns durch die Schriften des Neuen Testaments überlieferten Ansprüchen natürlich auch oft scheiterten, aber doch in ihrer außeralltäglichen Aufgabenerfüllung und ihren Lebensformen ein sichtbares Zeichen für die Glaubwürdigkeit der christlichen Botschaft im Kontext der katholischen Kirche setzten, bis hin zur Fülle der Gemeinschaftsgründungen im 19. Jahrhundert und dem Missionserfolg dieser Zeit.

Seit dem II. Vatikanischen Konzil ist es um die Orden still geworden; die meisten religiösen Gemeinschaften altern vor sich hin, zumindest hierzulande. Aber auch in Rom scheint ihr Einfluss marginalisiert; an ihre Stelle sind neue Gruppierungen getreten, die sich um die Macht innerhalb der kirchlichen Hierarchie bemühen, ohne dass von ihnen eine geistliche Strahlkraft für unsere Zeit ausginge. *Die Kirche materialisiert sich mehr und mehr als eindimensionale klerikale Hierarchie.*

Der zunehmende Priestermangel trifft die bisherige Kirchenstruktur ins Mark. Einerseits sind nahezu alle wichtigen Leitungspositionen in der Kirche mit Klerikern besetzt, und die Apostolische Konstitution *Pastor Bonus* sieht vor, dass „Fragen, die der Ausübung von Leitungsbefugnissen bedürfen, den heiligen Ordnungen (d. h. dem Klerus F.X.K.) vorbehalten sind".[153] Andererseits sind die ‚Basiskleriker', also die Pfarrer und Vikare, aber auch die in der Seelsorge tätigen Ordensleute, das wichtigste Bindeglied zwischen Kleruskirche und Kirchenvolk. Und dies ist nicht nur faktisch, sondern auch dogmatisch und kirchenrechtlich so: Das einzige unaufhebbare Recht der Gläubigen bezieht sich auf die Messfeier und die Spendung der Sakramente. Würde dieses aufgehoben, wäre die Identität der Kirche zerstört. Die aktuellen Restrukturierungen der diözesanen Seelsorge in Deutschland, welche in der Regel die Form der Zusammenlegung von Pfarreien annimmt, mögen in einer ersten Stufe noch ohne größere Ausfälle der Seelsorgedienste vor sich gehen. Aber der Rückgang der Priester, insbesondere derjenigen im Vorruhestandsalter, hält an und wird ohne ein Umdenken in der Priesterfrage weitere Reduktionen nach sich ziehen.[154]

In der Pastoralsoziologie wird in diesem Zusammenhang von einer *Delokalisierung der Kirche* gesprochen: „Zunehmend lässt sich beobachten, dass die Bistumsebene sich nicht auf die Verwaltung und Bereitstellung der Infrastruktur „geistlicher Kommunikation" beschränkt, sondern selbst religiös-pastorale Dienstleistungen spezialisierter Art anzubieten sucht. Offensichtlich spielt dabei eine Rolle, dass es den Gemeinden immer schwerer fällt, Verwaltung, Gemeinschaftsbildung und Dienstleistung zugleich und auf gleichem Niveau zu erfüllen. Die in der Hauptsache durch den Priestermangel, aber auch durch sinkende finanzielle Ressourcen ausgelösten Entscheidungen zur Zusammenlegung von Gemeinden haben den Prozessen in den letzten Jahren eine neue Dynamik verliehen."[155] Es liegt auf der Hand, dass diese Herauslösung der Gottesdienstgemeinde aus der lokalen Lebenswelt der Kirchenmitglieder den sozialen Zusammenhalt schwächt.

Man mag einwenden, dass Deutschland immer noch eine im Vergleich zu anderen Ländern und Kontinenten hohe Seelsorgedichte aufweist, begünstigt nicht zuletzt von der günstigen finanziellen Ausstattung des Berufs dank des staatlich administrierten Kirchensteuersystems. Aus römischer Sicht mag der deutsche Fall daher harmlos erscheinen, auch wenn er für die Betroffenen schmerzlich ist. Aber die Tendenz zum Nachwuchsmangel besteht auch in Ländern mit einer schwächer ausgebauten Seelsorgestruktur, und es spricht vieles dafür, dass dieser Trend anhält.[156] Zwar bewirkt die steigende Langlebigkeit das längere Überleben der Ruhestandspriester, doch verdeckt diese Vergreisung die Dringlichkeit des Problems eher, als dass es sie löst.

Die Diskussion um den aktuellen „Missbrauchsskandal" führt zu einer weiteren Infragestellung der zölibatären Form des Priestertums: Geistliche sprechen von einer „Stigmatisierung", und davon, dass die kirchliche Problematik sich „wie Mehltau" auf die Motivation und Erfüllung ihrer Aufgaben lege.

2. Immunisierung gegenüber Veränderungsdruck

Theoretisch oder theologisch müsste es vergleichsweise einfach sein, Strukturen und Praktiken der katholischen Kirche zu ändern. Der Jurisdiktionsprimat gibt dem Papst eine Allzuständigkeit für die kirchliche Gesetzgebung, deren theo-

logische Grenzen nur in der Verantwortung vor Gottes Geboten liegen: „Der Bischof von Rom hat nämlich kraft seines
Amtes als Stellvertreter Christi und Hirt der ganzen Kirche
volle, höchste und universale Gewalt über die Kirche und
kann sie immer frei ausüben."[157] Das ist eine Verantwortung,
die die Kraft eines Menschen übersteigt, und an der beispielsweise Papst Johannes Paul I. (1978) zerbrochen zu sein
scheint. Der Papst darf auf den Beistand des heiligen Geistes
hoffen, aber in der Praxis ist er auf seine Gehilfen angewiesen,
die Angehörigen der römischen Kurie, insbesondere die Leiter der Dikasterien im (in der Regel) Kardinalsrang. Schon
G.W.F. Hegel hat die Dialektik von Herr und Knecht entwickelt, die auch für das Verhältnis von Papst und Kurienkar-
dinälen gilt: Beide sind voneinander abhängig, und es ist eine
Frage der Persönlichkeit auf beiden Seiten, wie erfolgreich ein
solches Verhältnis werden kann. Die Kirchengeschichte vermerkt zahlreiche Päpste, die von den sie umgebenden Kardi-
nälen dominiert wurden.

2.1 Die römische Kurie

Die päpstliche Kurie hat eine lange, allmähliche Entstehungs-
geschichte; ihre Organisationsformen und Leistungen waren
bald ihrer Zeit voraus – beispielsweise die gegenreformatorische Kurienreform durch Sixtus V.; bald hinkten sie hinter ihr
her – beispielsweise unter Gregor XVI. im 19. Jahrhundert.[158]
Zu nahezu allen Zeiten war die Kurie ein moralisches Ärgernis
im Lichte der göttlichen Gebote und der moralischen Forderungen, welche die Kirche an ihre Gläubigen richtete. Die ‚Fürsten' der Kirche waren bis zur französischen Revolution Adelige
und lebten weithin nach den Regeln ihres Standes. Die Sitten
waren in Rom seit dem Altertum locker, und das färbte auch
auf den Hof des Papstes ab. Geld, Ansehen und Macht dominierten die Handlungskalküle wie an jedem anderen königli-

chen Hofe, nicht der Glaube. Und was aus der gegenwärtigen Kirchenorganisation durchsickert, lässt vermuten, dass auch heute vielfach allzu menschliche Motive wie Bequemlichkeit, Ehrgeiz, Karriere- und Machtstreben, Rangstreitigkeiten und Protektion das Handeln des Personals mitbestimmen – wie in Wirtschaftsunternehmen und Staatsadministrationen auch.[159]

Was die Kurie von derartigen Organisationen unterscheidet, ist zum einen die hohe Loyalität zu den religiösen Zielen der Kirche und zum Papst als dem „Stellvertreter Christi auf Erden"; und zum anderen eine andere, nicht an rationaler Effizienz, sondern an Personen und persönlichen Beziehungen orientierte Organisation. Möglicherweise ist dieser Vergleich allerdings schief: Auch Wirtschaftsunternehmen und politische Organisationen sind nicht überall rational und effizient. Vielleicht handelt es sich eher um kulturelle Unterschiede zwischen ,nördlichen', angelsächsischen und deutschen Organisationsvorstellungen einerseits und italienischen Praktiken andererseits.[160] Auf jeden Fall aber handelt es sich um eine historische Differenz: Die römische Kurie ist, was ihre Steuerungskompetenz betrifft, auf dem Niveau der höfischen Organisation des Absolutismus stehen geblieben.

Organisationsreformen der Kurie fanden periodisch statt, zuletzt 1988 durch Johannes Paul II., nach einem mehrjährigen Vorbereitungsprozess: Er setzte das Staatssekretariat als zentrale Behörde ein, dessen erste Abteilung die Tätigkeit des Papstes unmittelbar unterstützen und die Verbindung zu den übrigen Behörden halten soll: Neun Kongregationen, zwölf Räte, drei Gerichte und eine große Zahl weiterer Ämter und Büros. Die Zahl der Behörden ist also nahezu unüberschaubar, und ihre Zuständigkeiten und Arbeitsweisen zum mindesten für Außenstehende (zu denen auch die meisten Bischöfe der Weltkirche gehören) oft verwirrend. Zwei Gesichtspunkte sind in unserem Zusammenhang bedeutungsvoll: Es fehlt an Institutionen und Routinen der Koordination; und es handelt sich bei den Kurialen um eine weitgehend geschlossene Gruppe.

Zum ersten: Der Jesuit und Politikwissenschaftler Thomas Reese beschreibt das Regierungssystem des Papstes als ein weithin personenbezogenes: Nur zwei Personen, nämlich sein Privatsekretär und der Leiter der ersten Abteilung im Staatssekretariat, der Substitut, eine Art Stabschef des Papstes, haben regelmäßigen Zugang zum „Heiligen Vater", der somit auf ihr Urteil und ihre Selektivität angewiesen ist.[161] Die Vorstellung, dass die Päpste den Vatikan regieren, ist organisatorisch nicht gedeckt. Auch der Kardinal-Staatssekretär, der nicht nur die analoge Funktion eines Außenministers, sondern auch eines Kanzleramts-Chefs bekleidet, hat keine Führungsinstrumente, um die Dikasterien zu koordinieren. Diese, d. h. im wesentlichen ihre Chefs im Kardinalsrang und ihre Sekretäre im Bischofsrang,[162] handeln häufig unkoordiniert, was im Falle der Wiederaufnahme der Pius-Bruderschaft besonders auffiel und zu peinlichen Kommunikationsmängeln mit der Weltkirche wie auch der Öffentlichkeit geführt hat.[163].

Zum Zweiten: Die gut 1700 Bediensteten der römischen Kurie bilden eine Art auf sich selbst zentrierten Mikrokosmos, der sich durchaus in der Verantwortung für die Kirche sieht, so wie diese in ihrem Sinnsystem verstanden wird. Diese Verpflichtung, den Glauben und die Kirchendisziplin zu bewahren, ist sozusagen die selbstverständliche Prämisse allen Handelns, die aber im Alltagsgeschäft hinter den Dringlichkeiten der Aktualität zurücktritt, genau so, wie Leitideen auch in anderen Organisationen mehr zur Legitimation als zur Instruktion des Handelns dienen. Das aber heißt, das Handeln darf zwar nicht in expliziten Widerspruch zu diesen Leitideen geraten, aber in diesem Rahmen bleiben weite Interpretations- und Handlungsspielräume, für deren Ausfüllung systeminterne Opportunitäten meist instruktiver erscheinen als externe Anforderungen.

2.2 Der Papst, seine Kurie und die Weltkirche

Solche Probleme bekommen mit Bezug auf die römische Kurie vor allem die Bischöfe der Weltkirche zu spüren. „Nur wenige Menschen innerhalb wie außerhalb der Kurie kennen sich mit ihrer komplizierten Struktur, den überlappenden Zuständigkeiten und byzantinischen Prozeduren wirklich aus. Der Grund dafür ist nicht nur die verwirrende Vielfalt von Themenbereichen, mit denen sich die Kurie befasst (…), sondern auch die Komplexität der Kirche selbst. Ihr gehören immerhin ganz verschiedene Gruppen an (Bischöfe, Priester, Ordensangehörige, Laien), die wiederum in einer Vielzahl von Institutionen engagiert sind (…); und diese Institutionen sind ihrerseits in den verschiedensten Ländern und Kulturen auf unterschiedlichste Weise aktiv (…). Nicht zuletzt aber ist diese Komplexität entstanden, weil sich die Kurie im Laufe der Geschichte und in Reaktion auf wechselnde Notwendigkeiten mehr oder weniger ad hoc entwickelt hat. Die Kurie ist ein Produkt der Geschichte und nicht der Managementtheorie."[164] Wer von außen kommt, und sei er Bischof oder Kardinal, erfährt sich meistens als Bittsteller und nicht als Mitglied des Bischofskollegiums im Sinne des II. Vatikanischen Konzils. Nur wer über enge Verbindungen zu einflussreichen Insidern in der Kurie verfügt, darf hoffen, mit seinen Anliegen durchzudringen.

Hier wird eine zentrale Strukturschwäche der katholischen Kirche deutlich: Ihrem dogmatischen und disziplinären Selbstverständnis nach ist sie eine einheitliche hierarchische Institution, deren Spitze, der Papst, absolute Vollmachten besitzt.[164a] Man kann sie daher als ein autokratisches System bezeichnen, das durch eine Hierarchisierung der gesamten Organisation ergänzt wird und damit dem politischen System des Absolutismus entspricht. In der Tat hat sich die Formierung dieser Struktur im 19. Jahrhundert an frühneuzeitlichen politischen

Ideen orientiert.[165] Derartige zentralistische Hierarchien haben jedoch organisationstheoretisch das Problem, dass die Kapazität zur Problembearbeitung im Vergleich zur wachsenden Problemfülle sich nach oben hin immer mehr reduziert.[165a] De facto werden deshalb die allermeisten Entscheidungen im Vatikan nicht vom Papst persönlich, sondern innerhalb und zwischen den derzeit neun Kongregationen gefällt, die den Ministerien vergleichbare Aufgaben wahrnehmen, jedoch anders organisiert sind.

Während zeitgenössische Organisationskonzepte klare Zuständigkeiten, die Delegation von Kompetenzen, das Eingreifen höherer Instanzen nur in Ausnahmefällen und die Entwicklung von Regeln zur Abwicklung von Routinefällen empfehlen, um mit der wachsenden Komplexität der Organisationsumwelten umzugehen, ist hiervon in der Kurie kaum etwas zu finden. Charakteristisch sind diplomatische Mehrdeutigkeiten, die sich im Nachhinein situativ auslegen lassen, und die lange Bearbeitungsdauer der meisten externen Angelegenheiten. *Es geht nicht um die zweckmäßige Regelung des Einzelfalles, sondern um die Aufrechterhaltung einer symbolischen Ordnung.* Von daher wird auch verständlich, weshalb die Kurie sich gegen die oft geforderte Einführung einer Verwaltungsgerichtsbarkeit in der Kirche wehrt, welche im vorletzten Entwurf für den revidierten Codex Juris Canonici von 1983 noch enthalten war. Die internen Prozeduren der Kurie sind kaum verrechtlicht, und es scheint, dass dort ein größeres Vertrauen in situationsorientierte Ad-hoc-Entscheidungen denn in die Anwendung generalisierter Regeln herrscht. Insofern ist die der römischen Kirche oft zugesprochene bürokratische Herrschaftsform noch ein Euphemismus; die Verwaltung entspricht in weiten Teilen eher einer vormodernen, höfischen und damit von persönlicher Willkür nicht freien Form der Herstellung bindender Entscheidungen für die Weltkirche.

Allerdings steht dem Papst jederzeit das Recht zu, Entscheidungen an sich zu ziehen.[166] Die rasche Wiederbesetzung des Augsburger Bischofssitzes nach dem erzwungenen Rücktritt von Bischof Mixa lässt sich so erklären. Die Langsamkeit und der Konservatismus kurialer Prozeduren kann durch das Eingreifen des Papstes jederzeit unterbrochen und bestimmten Angelegenheiten eine neue Richtung gegeben werden. Das eindrücklichste Beispiel stellt die Einberufung des II. Vatikanischen Konzils durch Johannes XXIII. dar. Innerhalb des römischen Zentralismus gibt es somit ein statisches und ein dynamisches Moment, die wechselseitig aufeinander angewiesen sind und durch deren Zusammenspiel auch eine gewisse Flexibilität gesichert wird.[167]

Der Mangel an allgemeiner Regelbindung innerhalb der Kurie *könnte* sein Gutes haben, *wenn* er mit einem Verständnis für die höchst unterschiedlichen lokalen Verhältnisse in der Weltkirche einherginge. Denn eine bürokratische Rationalisierung, welche einheitliche Regeln und Maßnahmen unterschiedslos vom Zentrum aus durchzusetzen sucht, würde angesichts der Heterogenität der religiösen, politischen und sozialen Verhältnisse höchst unterschiedliche Wirkungen zeitigen. Leider gibt es wenig Anzeichen, dass eine solche empathische Wahrnehmung der lokalen Verhältnisse tatsächlich stattfindet. Vieles hängt vom jeweiligen Nuntius in einem bestimmten Lande ab: Ob er sich als ‚römische Kreatur' oder als Sachwalter des Glaubens in seinem Berichtsgebiet versteht. Denn die Nuntiaturen sind keineswegs nur diplomatische Vertretungen bei den jeweiligen Staatsregierungen, sondern gleichzeitig eine der wichtigsten Informationsquellen der Kurie über die lokalen Verhältnisse. Die Ortsbischöfe, welche nach der Lehre des II. Vatikanischen Konzils mit dem Papst die Kirche leiten sollen, ja selbst ihre Zusammenschlüsse in der Form der nationalen Bischofskonferenzen, gehören zur

Peripherie der Kirche und haben allenfalls gewisse Handlungsspielräume, aber kaum Einfluss auf das, was im römischen Zentrum geschieht. Dementsprechend werden krisenhafte Erscheinungen vor Ort im Zentrum kaum wahrgenommen und als Turbulenzen abgetan, die das „Schiff Petri" nicht vom Kurs abbringen dürfen.

Da mit der Verbesserung der Kommunikationsmittel die Zentralisierung der Kirche immer effektiver und durch den Codex von 1983 noch legitimer geworden ist, ergibt sich *eine innere Dynamik zum Zentrum hin, die sich lähmend auf die ‚Peripherie', also die Eigenständigkeit des kirchlichen Lebens unter verschiedenen kulturellen und politischen Voraussetzungen auswirkt.* Für die Gestaltung des gesellschaftlichen Lebens hat die Kirche seit der Enzyklika *Quadragesimo anno* (1931) das Subsidiaritätsprinzip empfohlen; für ihre eigene Struktur hält sie dieses für entbehrlich, wie der römische Widerstand gegen Kompetenzen für die nationalen Bischofkonferenzen zeigt.[168] Auch fehlt es in der Kirche an einer Kultur des freien Wortes, so dass die hierarchischen Gehorsamsvorstellungen kein Gegengewicht finden.

2.3 Theologische Barrieren

Das wichtigste Instrument der Kirchenregierung ist das Kirchenrecht, das zunächst in Jahrhunderten langsam gewachsen ist, im Auftrag von Pius X. jedoch erstmals in Gesetzesform zusammen gebracht und 1918 im *Codex Juris Canonici* veröffentlicht wurde. Seine letzte Reform trat 1983 in Kraft und berücksichtigte einige, aber längst nicht alle Konsequenzen aus den Beschlüssen des II. Vatikanischen Konzils.

Der Codex ist Kirchenverfassung und Verwaltungsordnung der Kirche in einem. In seinen verfassungsrechtlichen Teilen versteht er sich über weite Strecken als Ausformulierung eines *jus divinum,* wobei „eine scharfe Abgrenzung von göttlichem und menschlichem Recht nicht möglich" ist; „Jus divinum' ist nur im ‚jus humanum' zugänglich und vermischt sich mit diesem".[169] Das bedeutet gleichzeitig, dass die als göttlich angesehenen Grundsätze des Kirchenrechts je nach Interpretation unterschiedlich weit in den Bereich des menschlichen Rechts ausstrahlen. Das wird beispielsweise beim Thema Frauenordination deutlich, die von den einen als Ausfluss göttlichen Rechts für unmöglich, von den anderen als in den Frühzeiten der Kirche nur historisch unmöglich und daher grundsätzlich mit der sich wandelnden Stellung der Frau für diskussionswürdig gehalten wird.

Aus soziologischer Sicht werden auch religiöse Institutionen von ihrer Umwelt geprägt. Die lateinische Kirche hat gegenüber den übrigen Patriarchaten und den aus ihnen hervorgegangenen Kirchen spezifische Eigenarten entwickelt, die eng mit dem römischen Denken verbunden sind, insbesondere die Betonung des hierarchischen Prinzips und das rechtsförmige Kirchenverständnis, aber auch die Überzeugung, den „Nabel der Welt" zu bilden. Diese drei Komponenten fließen seit Beginn der Neuzeit in der Tendenz zur fortschreitenden Zentralisierung zusammen. In den Nachfolgekirchen der übrigen Patriarchate kam diesen Merkmalen nie eine vergleichbare Rolle zu.[170]

Im Rahmen der vom römischen Recht geprägten ‚lateinischen Kirche' ist der Glaube an einen hierarchischen Verfassungskern göttlichen Ursprungs wohl identitätsbestimmend. Insoweit als kirchliche Strukturen und Selbstverständnisse dem göttlichen Ursprung zugerechnet werden, werden sie daher sakralisiert, d. h. als den Kontingenzen der Geschichte enthoben und als grundsätzlich unwandelbar angesehen. Je weiter diese Aura des Ewigen ins Kirchenverständnis der Handelnden ausstrahlt, desto schwieriger wird es, den Erfordernissen einer dynamischen Umwelt zu entsprechen, welche die Lebensbedingungen der meisten Gläubigen prägen.

Es ist auch allein die lateinische Kirche, welche sich der Spannung zwischen Transzendenz und Immanenz seit Augustinus konsequent gestellt hat und bis heute an der *Vermittelbarkeit von Glaube und menschlicher Vernunft* festhält. Das ist eine großartige Vision, die Respekt verdient, und für die sich Papst Benedikt XVI. besonders stark macht. Wie sich das Verhältnis von Glaube und Vernunft jedoch in der *inneren Verfassung der Kirche* manifestiert, ist bisher kaum untersucht oder auch nur diskutiert worden.

Die römische Kurie versteht sich in besonderer Weise als Hüterin der Tradition und versteckt sich sozusagen hinter der dem jus divinum zugerechneten Position des Papstes, um selbst an Autorität zu gewinnen. Die Forderungen kirchlichen Gehorsams richten sich damit in der Praxis an die Gläubigen zur diskussionslosen Befolgung von Entscheidungen, die unter höchst ‚menschlichen' Umständen zustande gekommen sind und für deren Richtigkeit oder Zweckmäßigkeit es keinerlei Kontrolle gibt. „,Wir hier veröffentlichen Gesetze, und die im Ausland halten sie ein', sagt ein ehemaliger Sekretär des Vatikan. ‚Der Kodex des kanonischen Rechts und all die Richtlinien sind sehr wichtig. Aber dann nimmt man allmählich die italienische, die römische Art und Weise an, Dinge zu tun. Es geht halt mediterran und sehr menschlich zu.“[171] Die erfolgreichen Staaten der Neuzeit haben gegen diese Risiken der Willkür und des Machtmissbrauchs die Prinzipien des Rechtsstaates und der Gewaltenteilung und damit der gerichtlichen Überprüfbarkeit der Rechtsanwendung institutionalisiert.

Zwar hat die Ekklesiologie des II. Vatikanums mit dem Bild von der Kirche als „das neue Israel, das auf der Suche nach der kommenden und bleibenden Stadt in der gegenwärtigen Weltzeit einherziehende Volk Gottes"[172] und den Ermahnungen, die Zeichen der Zeit zu begreifen, eine dynamischere Perspektive des Kirche-Seins entwickelt, aber diese

Vorstellung hat sich in der kirchlichen Praxis, die im wesentlichen von der Kurie bestimmt wird, nicht durchgesetzt. Es gibt keine ekklesiologische Interpretation der Kurie, und es gibt gute Gründe, sie als historisch kontingent anzusehen. Das jedoch entspricht nicht ihrem Selbstverständnis.

Noch immer herrscht die triumphalistische Vorstellung, die *una, sancta, catholica et apostolica ecclesia* des Glaubensbekenntnisses sei in der römisch-katholischen Kirche verkörpert, anstatt diesen Glaubenssatz als gottgewollten Gegenentwurf zu den konfessionellen Spaltungen und internen Machtkämpfen sowie zur Partikularität des römischen Kirchentums zu begreifen. Das II. Vatikanische Konzil dagegen setzt auf „die Kraft der ihr vom Herrn verheißenen Gnade Gottes", damit die Kirche „auf ihrem Weg durch Versuchungen und Verwirrungen ... in der Schwachheit des Fleisches nicht abfalle von der vollkommenen Treue";[173] eine demütige Haltung also, die heute weit eher Glaubwürdigkeit zu erzeugen vermöchte.

Was katholische Priester und Laien beschäftigt, was aus ihrer Lebenserfahrung für ihren Glauben wichtig ist, – in der theologischen Fachsprache als „fides qua creditur" bezeichnet –, findet angesichts der vorherrschenden Kirchenstrukturen kein Echo in den Entscheidungszentren der Kirche. Selbst wo Ortsbischöfe die Hoffnungen und Besorgnisse aufnehmen, gibt es kaum Chancen, diese in Rom zur Geltung zu bringen. Man wird von dort vielmehr das Beharren auf einer weithin ausgeformten und als unwandelbar geltenden Kirchenlehre – als „fides quae credendum" (der zu glaubende Glaube) – zu erwarten haben. Was die daraus abgeleitete Kirchendisziplin betrifft, so wird sie weiterhin dem Ermessen eines unkontrollierbaren Geflechtes vatikanischer Kleriker obliegen, dessen Entscheidungen dem Papst nur in Ausnahmefällen vorgelegt werden.

3. Die Missbrauchskrise – ein Lehrstück

Die einzige Form externer Kritik, die derzeit in den Kreisen der Kurie Turbulenzen erzeugen kann, scheint die Mobilisierung der Weltmeinung zu sein, welche als unkontrollierbare und daher feindliche Gegenmacht wahrgenommen wird. Es ist nicht zu bestreiten, dass kirchliche Ereignisse immer wieder mediale Häme auslösen, die von Bischöfen und vielen Gläubigen als einseitig und schmerzlich empfunden wird. Allerdings haben die meinungsführenden Medien ja keineswegs nur antikirchliche Autoren in ihren Reihen, und die wenigen Ereignisse, die zu einem gewissen Gleichklang der Kritik geführt haben, geben ja durchaus Anlass zur Besorgnis auch bei kirchenloyalen Gläubigen. Das gilt insbesondere für die Aufhebung der Exkommunikation gegenüber der Pius-Bruderschaft und für den langjährigen Umgang mit dem Phänomen der sexuellen Übergriffe innerhalb der katholischen Kirche. Letzterer hat das Vertrauen der Gläubigen in den betroffenen Ländern erkennbar tief erschüttert, weil er die moralische Glaubwürdigkeit der Kirche eklatant in Frage stellt.

3.1 Sexueller Missbrauch und Kirchenraison

Schon von Jesus wird überliefert, dass er Menschen, die einem vertrauenden Kind etwas antun, einen Mühlstein an den Hals wünschte (Mt 18, 1–6). Es finden sich wenig andere derartig drastische Verurteilungen in den Evangelien. Und auch in der historischen Perspektive hat das Christentum der im Altertum üblichen sexuellen Ausbeutung von Kindern einen wirksamen Riegel vorgeschoben.[174] Dennoch hat das Thema Kindesmisshandlungen und sexueller Kindesmissbrauch in der Moraltheologie und auch in den amtskirchlichen Äußerungen der jüngeren Zeit kaum eine Rolle gespielt, und barbarische Erziehungsmethoden werden gerade von kirchlichen Einrichtungen beider Konfessionen noch aus den Jahrzehnten nach dem Zweiten Weltkrieg berichtet. Beide, in den jüngsten Diskussionen oft parallel gesetzte Sachverhalte sind jedoch deutlich zu unterscheiden, weil die maßvolle Züchtigung von Kindern bis in jüngste Zeit als grundsätzlich erlaubt galt, ja auch biblisch empfohlen wird: „Wer seinen Sohn liebt, der züchtigt ihn" (Spr 13,24). Aber selbst der sexuelle Kindesmissbrauch wurde erst im Zuge der noch jungen Bewegung für die Rechte des Kindes zu einem Thema öffentlicher Moral.[175] Ungeregelte Sexualität blieb in der bürgerlichen Gesellschaft ein Tabu-Thema, das auch in der katholischen Kirche im Schweigen des Beichtgeheimnisses verborgen blieb.

Bis weit ins 20. Jahrhundert hinein dominierte eine Auffassung von Erziehung, die das Kind als für das Erwachsenenleben vorzubereitendes unfertiges Wesen und nicht als Persönlichkeit mit eigenen Rechten verstand. Erste internationale Erklärungen zu Rechten des Kindes wurden 1924 vom Völkerbund und 1959 von den Vereinten Nationen verabschiedet, eine rechtsverbindliche internationale Konvention über Kinderrechte aber erst 1989 beschlossen. Sie ist inzwischen die am häufigsten ratifizierte Konvention der UNO geworden. Die Bundesrepublik hat diese Konvention allerdings nur unter Vorbehalt familien- und ausländerrechtlicher Einschränkungen ratifiziert, was zur Entstehung einer breiten Bewegung für die Rechte von Kindern beitrug. Seit 2000 gewährt § 1631/2 BGB Kindern das *Recht auf eine gewaltfreie Erziehung*. Damit gibt es in Deutschland kein Züchtigungsrecht der Eltern und erst recht der Erzieher mehr. Inzwischen ist die öffentliche Sensibilität für das Wohl und die Förderung von Kindern weiter gestiegen, nicht zuletzt unterstützt durch den Mangel an Nachwuchs. Dies alles erklärt die früher ungekannte Empörung und öffentliche Resonanz über die Berichte zum sexuellen Missbrauch mit, welche als ein markantes Ereignis des Jahres 2010 hoffentlich im kollektiven Gedächtnis Deutschlands haften bleibt.

Das Thema sexuellen Missbrauchs *durch Kleriker* und in Einrichtungen der katholischen Kirche kam ebenfalls erst kurz vor der Jahrtausendwende auf, und zwar nicht aus dem Inneren der Kirche.[176] Gründliche Recherchen bieten für die USA der *John Jay Report* (2005) und für Irland der *Ryan Report,* (2009), welche verdeutlichen, dass es sich keineswegs nur um Einzelfälle, sondern um ein Phänomen handelt, das eine nennenswerte Minderheit des Klerus dieser Länder betrifft.[177] Mehr oder weniger zuverlässige Berichte liegen auch aus zahlreichen anderen Ländern vor, spektakulär der Rücktritt des Bischofs von Brügge im Frühjahr 2010. Schätzungen der Verbreitung und Vergleiche mit Kindesmissbrauch in anderen Kontexten sind mit hohen Unsicherheiten belastet.

In der Bundesrepublik Deutschland hat die Deutsche Bischofskonferenz im Jahre 2002 erstmals Richtlinien zum Umgang mit der Problematik erlassen, die im Sommer 2010 unter dem Eindruck der öffentlichen Diskussion in Deutschland präzisiert und verschärft wurden. Unter Bezugnahme auf die Anordnung Papst Benedikts XVI. wird nun insbesondere die Zusammenarbeit mit der staatlichen Staatsanwaltschaft explizit vorgesehen, Meldungen aber nicht zwingend gemacht.[178] Im Vergleich zu anderen Ländern und zu Rom hat der deutsche Episkopat zweifellos das unmittelbare Problem entschlossen angepackt, ohne allerdings den Tiefenstrukturen der Problematik nachzugehen.[179]

Jedem Einsichtigen dürfte klar sein, dass es sich hier nicht um ein spezifisches Problem der katholischen Kirche handelt. Kindesmissbrauch ist am verbreitetsten in Familien, wo er am seltensten zutage tritt. Körperliche Nähe und persönliche Vertrautheit begünstigen leider auch sexuellen Missbrauch.

Im übrigen scheint der größere Teil der offenbar gewordenen Sexualkontakte von Priestern männliche Jugendliche und nicht vorpubertäre Kinder zu betreffen, also eher dem Bereich der erzwungenen Homosexualität als der Pädophilie zuordenbar. Das macht die Sache zwar emotional weniger empörend, aber nicht besser: Auch viele Jugendliche tragen daran ihr Leben lang.

Das spezifische Problem der katholischen Kirche liegt anderswo, nämlich im bis vor kurzem üblichen, schon als systematisch zu bezeichnenden Widerstand gegen die Aufklärung von klerikalen Missbrauchsfällen und der daraus folgenden Blindheit gegenüber den Nöten der Opfer. Während die Kirche jeden einzelnen Missbrauchsfall als menschliches Versagen eines Klerikers mit ihren Maßstäben von schwerer Sünde und erforderlicher, aber auch möglicher Buße bewältigen kann, brechen hier heute außerkirchliche Maßstäbe mit einer Gewalt in die innerkirchlichen Verhältnisse ein, dass sie mit dem üblichen Immunisierungsstrategien nicht mehr „unschädlich" gemacht werden können: die oft lebensprägenden Nöte und daraus folgende Interessen der Opfer; der medizinische Befund einer meist inkurablen Persistenz pädophiler Neigungen der Täter; und der staatliche Anspruch auf Bestrafung sexueller Verbrechen.

Gängige Praxis im Umgang mit klerikalen Kinderschändern oder Klerikern, die in den Verdacht homosexueller Ausnützung von Vertrauensverhältnissen mit Kindern oder Jugendlichen geraten waren, war es, sie aus ihrem bisherigen Wirkungskreis in einen anderen zu versetzen, der im günstigen Fall weniger Gelegenheit zur Betätigung ihrer Neigung bot.[180] Weitere Disziplinarmaßnahmen wie die Suspension vom Priesteramt oder Bußschweigen blieben die Ausnahme, ja es wird berichtet, dass diözesane Anträge auf Laisierung pädophiler Priester in der hierfür allein zuständigen römischen Kurie meist verschleppt oder abgelehnt wurden.[181] Auf die Zusammenarbeit mit der staatlichen Strafverfolgung wurde meistens verzichtet, bis dies vor kurzem von Papst Benedikt XVI. ausdrücklich angeordnet wurde. Auch nachdem das Thema auf die öffentliche Tagesordnung gelangt war und Teile des Episkopats wie staatliche Stellen auf Aufklärung drängten, blieben die Widerstände gegen solche Aufklärung erheblich. Es geht also nicht nur um Vertuschung, sondern um hinhaltenden Widerstand.

Dies wurde besonders deutlich durch eine Ergebenheitsadresse des Dekans des Kardinalkollegiums, des ehemaligen Kardinal-Staatssekretärs Angelo Sodano, dem selbst Verwicklungen in die Vertuschung von Missbrauchsfällen in einer kirchlichen Vereinigung nachgesagt werden (vgl. FN 148). Anlässlich des Ostergottesdienstes am 4. April 2010 forderte Sodano den Papst öffentlich auf, nicht auf das „Geschwätz" zu achten, als das die öffentlichen Hinweise auf eine Verantwortung der Glaubenskongregation (und deren damaligen Vorsitzenden, Kardinal Ratzinger) für die Nicht-Verfolgung manifest gewordener Missbrauchsfälle von ihm bezeichnet wurden. Dies war auch dem Wiener Erzbischof, Kardinal Christoph Schönborn, zu viel: Er qualifizierte die Erklärung Sodanos als „massive Verletzung der Opfer".

Dabei blieb es aber nicht: Schönborn wurde nach Rom zitiert zu einem Gespräch mit dem Papst, an dem auch Kardinal Sodano und Kardinal-Staatssekretär Bertone teilnahmen. Darüber wurde öffentlich mitgeteilt, „dass das Gespräch ‚Missverständnisse' geklärt habe, die ‚auf einige Äußerungen von Kardinal Schönborn zurückzuführen' seien, und dass nur der Papst (aber nicht Schönborn!) einen Kardinal kritisieren dürfe."[182] Berücksichtigt man, dass Schönborn schon bei früherer Gelegenheit darauf hingewiesen hatte, Ratzinger habe als Chef der Glaubenskongregation sich in seinem Willen zur Aufklärung von Missbrauchsfällen nicht gegen die ‚Vertuschungs-Fraktion' in der Kurie durchsetzen können, so liegt die Vermutung nahe, dass diese Kräfte auch im Fall Schönborn die Oberhand über den Papst behalten haben.

Der Sachverhalt kirchlichen Widerstands gegen die Aufklärung der Verbrechen von Klerikern ist erklärungsbedürftig. Dabei reichen verbreitete Erklärungen wie: die Bischöfe hätten den Ernst der Probleme nicht erkannt oder sie hätten in väterlicher Sorge um die ihnen anvertrauten Priester gehandelt, nicht aus. Treffender ist es schon, von moralischer Lethargie in Verbindung mit Sorge um das Ansehen der Kirche zu sprechen, die sich auch mit der kirchlichen Formel „Vermeidung von Ärgernis" dekorieren lässt. Maßgeblich erscheint eine Form von „Kirchenräson", also ein der Staatsräson vergleichbares Argument, dem zufolge der Erhalt von Ansehen, Macht und Einfluss des Staates bzw. der Kirche Vorrang habe vor allen anderen Rücksichten.[183] Dass dies den ethischen Maximen der Bibel, in deren Namen die Kirche auftritt, ins Gesicht schlägt, ist das eigentliche Ärgernis. „Es ist ... nach den strukturellen Bedingungen zu fragen, die ein Klima in der Kirche begünstigen, in dem die institutionellen Abwehrreflexe nach wie vor weitaus stärker sind als die Bestrebungen, sich jenen moralischen Ansprüchen zu unterwerfen, welche die Kirche gegenüber ihren Mitgliedern wie auch gegenüber der Gesellschaft erhebt."[184]

3.2 Vom Umgang mit Schuld in der Kirche

Die Vertrauenskrise, welche das Öffentlich-Werden des sexuellen Missbrauchs von Kindern und Jugendlichen seitens katholischer Kleriker ausgelöst hat, bedarf eines vertieften Bedenkens ihrer Ursachen. Eine erste Ebene des Vertrauensverlustes betrifft das *Verhältnis von Gläubigen zu ihren Geistlichen*. Gläubige geraten ins Grübeln über den Charakter ihrer Geistlichen, und diese geraten unter Rechtfertigungsdruck. Eltern haben Angst, ihre Kinder noch Geistlichen anzuvertrauen, auch wenn es unwahrscheinlich ist, dass Missbrauch im kirchlichen Kontext häufiger geschieht als in anderen sozialen Kontexten. Das Misstrauen, das nunmehr vielen Geistlichen als „potentiellen Kinderschändern" entgegen schlägt, ist ungerecht, und als Stigmatisierung katastrophal. Auch wenn nicht ausgeschlossen werden kann, dass der priesterliche Zölibat eine gewisse Anziehungskraft auf sexuell unreife junge Männer ausübt, kann von einem kausalen Zusammenhang zwischen Zölibat und sexuellen Neigungen zu Kindern und Jugendlichen nicht die Rede sein.[185] Überdies darf gehofft werden, dass bei der Eignungsprüfung der Priesteramtskandidaten das Thema Sexualität nun nicht mehr tabuisiert wird.

Darüber hinaus hat die Vertrauenskrise tiefere Ursachen in den symbolischen und organisatorischen Kontexten der Kirche. Sie werden an dem Umstand deutlich, dass die sexuellen Verfehlungen von Klerikern in der Kirche generell meist vertuscht werden, und dies eben auch im strafrechtlich relevanten Fall der Unzucht mit Kindern und Jugendlichen. Dass es sich hier um eine besonders schwere Verfehlung mit oft unabsehbaren Folgen für die Opfer handelt, spielte bis vor kurzem in der kirchlichen Handhabung der Fälle ebenso wenig eine Rolle wie der staatliche Anspruch auf Bestrafung derartiger Taten. Während bereits der Besitz kinderpornografischen Bildmaterials die Entfernung aus dem öffentlichen Dienst zur Folge haben kann, ist von der Entlassung oder Laisierung einschlägig belasteter Kleriker nichts zu hören. Sie wurden bisher meist weder einer Therapie zugeführt noch mit ernsthaften Kirchenstrafen belastet, sondern einfach in andere Aufgabenbereiche versetzt, wobei oft nicht einmal darauf geachtet wurde, dass sie dort mit Kindern nicht in Kontakt kamen. Das ist *die zweite, die Kirche als Institution belas-tende Ebene des Skandals*, denn hier wurden nicht in Einzel-fällen, sondern *im Regelfall* Entscheidungen getroffen, welche den moralischen Ansprüchen der Gesellschaft und der Kirche gleichermaßen strikt zuwider laufen. Involviert sind hier nicht einzelne versuchbare und sündige Menschen, sondern vorgesetzte *Repräsentanten der Kirche*: die Bischöfe und ihre unmittelbaren Helfer, die Generalvikare und Personaldezer-nenten, welche bei ihrem Tun wahrscheinlich kein Unrechts-bewusstsein hatten. Sie erkannten die Tragweite ihres Tuns nicht. Sie verdrängten die Nöte der Opfer und die Risiken weiterer neigungsbedingter Sexualverbrechen seitens ihrer Untergebenen. Wie konnte das geschehen?

Es wäre zu einfach, ihnen im Regelfall moralische Gleich-gültigkeit zuzuschreiben. Es ist vielmehr ihre Sorge um das, was sie als Kirche verstehen, welche alle anderen Rücksichten in den Hintergrund treten ließ. Die Kirche ist für sie nicht die Gemeinschaft der Gläubigen, sondern die hierarchisch orga-nisierte *Klerikerkirche*, welche Christus auf Erden vertritt. Der Titel „vicarius Christi" kam ursprünglich allen Priestern zu, was mit Bezug auf ihre Kernkompetenz zur Feier des Mess-opfers einen religiösen Sinn ergibt. Durchgehalten hat sich bis heute eine Auffassung vom Priestertum als zentralem ‚hei-ligen Amt', und dementsprechend wird dem Priester ein ent-sprechender Lebenswandel vorgeschrieben, von dem der Zölibat nur einen Teilaspekt darstellt. Die als Sakrament ver-standene Priesterweihe gilt als „character indelebilis", als le-benslange Prägung, die auch durch eine Laisierung des Pries-ters nicht beseitigt, sondern nur in ihrer Ausübung verboten wird. Die Laisierung ist im übrigen äußerst schwierig und kann nur durch den Papst bzw. heute die zuständige Glau-benskongregation gewährt werden. Gesuche amerikanischer Bischöfe auf Laisierung von durch Missbrauch belasteten

Priestern wurden in Rom oft einfach liegen gelassen oder nicht genehmigt.

Es ist also für einen Bischof keineswegs einfach, einen sexuell gefährdenden Priester los zu werden – außer durch seine Überantwortung an die Staatsanwaltschaft und darauf folgende Bestrafung. Eben dies haben kirchliche Behörden jedoch aufgrund jahrhunderte alter Spannungen zwischen Kirche und Staat bisher in der Regel unterlassen, bis Papst Benedikt XVI. die Zusammenarbeit mit staatlichen Behörden in diesem Frühjahr für den Fall des Missbrauchsverdachts angeordnet hat.

Ein weiteres kommt hinzu: Die moraltheologische Tradition der katholischen Kirche ist mit Bezug auf Sünden gegen das sechste Gebot sehr undifferenziert. *Alle* Verstöße, und das heißt grundsätzlich: jede bewusste Aktivierung der Sexualität außerhalb der Ehe, gelten als „materia gravis", also im Falle ihres bewussten Vollzugs als schwere oder Todsünde. Humanwissenschaftliche Hinweise auf die komplexe Funktion von Sexualität in der Entwicklung und Lebensbewältigung des Menschen haben zwar zu veränderten seelsorglichen Einschätzungen, aber nicht zu einer Aufhebung des Grundsatzes selbst geführt. Da die Beichtpraxis jeden Priester bald mit der Verbreitung dieser ‚schweren Sünden' vertraut macht, es jedoch keine moraltheologischen Kriterien für die besondere Abscheulichkeit des Kindesmissbauchs gibt, hat die Bosheit dieser Todsünde keinen besonderen kirchlichen Stellenwert: Toter als tot geht nicht! Überdies *gilt „Sünde" ausschließlich als Verfehlung vor Gott, nicht vor den Mitmenschen.* Ihre Schwere ist grundsätzlich unabhängig von den Folgen. Zwar entspricht es guter Bußpraxis, einen Beichtenden zur möglichsten Beseitigung eines angerichteten Schadens anzuhalten, aber dies funktioniert im Falle des Kindesmissbrauchs natürlich nicht, oder wenigstens nicht ohne

Einschaltung vermittelnder Dritter, was wiederum mit dem Beichtgeheimnis unvereinbar ist.

Aus moraltheologischer Perspektive ergibt sich eine weitere Schwierigkeit: *Die katholische Moraltheologie kennt den Begriff der Schuld nicht, sondern nur den der Sünde.* Der Sündenbegriff selbst ist historisch gesehen keineswegs eindeutig, hat sich aber seit dem Konzil von Trient im 16. Jahrhundert im Sinne eines bewussten Verstoßes gegen die von der Kirche ausgelegte göttliche Ordnung verfestigt. Die kirchliche Moral deckt sich weder mit dem säkularen Strafrecht noch mit der herrschenden gesellschaftlichen Moral, welche sich zudem in ständiger Veränderung befindet, während die kirchliche Moral traditionsbestimmt bleibt.

Das zeigt sich heute besonders deutlich im Bereich der Sexualmoral, wo nicht mehr der einzelne sexuelle Akt an sich, sondern der Respekt vor der Würde und Persönlichkeit des Sexualpartners den Anknüpfungspunkt für die moralische Beurteilung bildet. „Vergewaltigung in der Ehe" ist zum Beispiel bisher kein expliziter sündhafter Sachverhalt, wohl aber ein strafrechtlicher Tatbestand. Das *Auseinanderdriften zwischen binnenkirchlicher und säkularer Perspektive von Gut und Böse* wird gerade auch am Missbrauchstatbestand sichtbar: Natürlich galt Kindesmissbrauch als schwere Sünde. Aber diese kann kirchlicherseits durch die Beichte gesühnt werden. Eine Wiedergutmachung dem Opfer gegenüber ist keine *notwendige* Sühne. Was den säkularen Bereich anbetrifft, so ist Unzucht mit Kindern und Jugendlichen seit langem ein Straftatbestand, der aber nur relativ selten die Gerichte beschäftigte, weil die Opfer – auch angesichts der allgemeinen Tabuisierung des Sexuellen – nicht den Mut zur Rede und Anzeige aufbrachten. Überdies geschehen die meisten Missbräuche im Kontext der Familie, wo – ähnlich wie in der Kirche – Loyalitäten einer Anzeige im Wege stehen. Das hat sich in den letzten zwanzig Jahren gründlich geändert. Die breite öffentliche Empörung im vergangenen Frühjahr unterscheidet sich vom Bekanntwerden früherer Missbrauchsfälle, welche keine vergleichbare Resonanz erzeugten. Man kann dies nur als *moralischen Fortschritt* bezeichnen, dem gegenüber die katholische Kirche bis in ihre höchsten Chargen nunmehr eine erbärmliche Rolle gespielt hat.

Immerhin hat Papst Benedikt XVI. nicht in den Tenor einiger seiner Kardinäle und sonstigen Getreuen eingestimmt, welche die öffentliche Empörung über den Umgang der Kirche mit ihren Klerikern, die die Integrität von Kindern und Jugendlichen gefährden, als *Feindseligkeit* gegenüber der Kirche auslegen. Er diagnostizierte vielmehr, die Sünde komme hier „aus dem Inneren der Kirche", ohne allerdings das damit Gemeinte zu präzisieren.

Was könnte die Kirche angesichts dieser „schwersten Kirchenkrise seit Kriegsende" (Erzbischof Zollitsch, Vorsitzender der DBK) tun? Der Rat bisheriger *kirchlicher* Erfahrung lautet wohl: *Aussitzen*. Die Öffentlichkeit hat sich bereits neuen Themen und Skandalen zugewandt, und die Kirche hat in ihrer Geschichte größere Turbulenzen durchgestanden. Doch dieser Rat könnte trügerisch sein, denn das Vertrauen in die moralische Autorität der Kirche, welches seit dem II. Vatikanischen Konzil auch in der säkularen Öffentlichkeit enorm gewachsen ist, steht auf dem Spiel. Die Spannung zwischen kirchlicher und säkularer Moral nimmt zu, und „die Errichtung einer moralischen und institutionellen Parallelwelt büßt in dem Moment ihre Glaubwürdigkeit ein, in dem diese Welt nicht mehr als Ort humaner und christlicher Lebenspraxis erfahren wird."[186] Die Rationalisierung aller Lebensbereiche führt zu wachsenden kulturellen Ansprüchen an die Konsistenz von Wort und Tat. Eine Kirche, die hehre Forderungen stellt, denen sie selbst in ihren Vollzügen nicht gewachsen ist, und dies nicht als Versagen, und das heißt im kirchlichen Sprachgebrauch als Sünde – bekennt, sondern sich triumphalistisch als ‚heilig' versteht, wird ihre Autorität nicht zurück gewinnen.

Es wäre also die christliche Tugend der Demut angesagt. Es genügt nicht, neue Vorschriften zu machen, die die Wahrscheinlichkeit von Missbrauchshandlungen in der Kirche reduzieren sollen. Es genügt auch nicht, den Opfern unabhängige Gesprächspartner zur Verfügung zu stellen und sich Schadensersatzansprüchen nicht grundsätzlich zu verschließen. All dies würde eine jede Organisation tun, die beim Vertuschen von Missbrauchsfällen ertappt wurde. Die Kirche in Deutschland muss dankbar sein, dass ihr das Thema durch ‚Runde Tische' und staatliche Regulierungsbemühungen aus der Hand genommen wird. Wie aber soll dadurch der Verlust an Vertrauen in ihre moralische Autorität überwunden werden?

Was in der gegenwärtigen Situation mich als gläubigen Katholiken besonders bedrückt, ist das *Fehlen einer spirituellen Dimension in der Auseinandersetzung der Kirche mit dem Missbrauchsskandal.* Das Schweigen der meisten deutschen Bischöfe ist bedrückend; nur Pfarrer wagen gelegentlich kreative Vorschläge: Etwa ein Bonner Pfarrer mit dem Vorschlag, an jede Kirchentür ein Schild mit der Aufschrift zu heften: „Zutritt nur für Sünder". Ein glänzendes Beispiel kreativer Auseinandersetzung mit einem Verstoß gegen die Menschenwürde lieferte ein Berliner Geistlicher: Anlässlich der Präsentation plastinierter Menschenkörper in der Berliner Ausstellung „Körperwelten" lud er öffentlich zu einem auch gut besuchten *Requiem für die plastinierten Verstorbenen.* Damit verdeutlichte er in bester katholischer Tradition, dass es sich hier um die plastinierten Körper erlösungsbedürftiger Menschen handelte. Ich wünschte mir in unserem Zusammenhang einen oder mehrere Bischöfe, die ihre Diözesen zu einer *Sühnewallfahrt* für die Opfer, die Täter und deren Vorgesetzte aufrufen, und an der Spitze ihrer Gläubigen zu Fuß dem Ziel der Wallfahrt zustreben. Das wäre ein Akt mit symbolischer Kraft, der auch zu einer geistigen Selbstreinigung beitragen könnte. Ausdruck christlicher Nächstenliebe wäre es auch, Opfer und Täter in besonderer Weise die Gemeinschaft auf der Ebene der alltäglichen Kontakte spüren zu lassen, sie also nicht auszugrenzen. Das scheint beispielsweise die Maxime der deutschen Jesuitenprovinz gegenüber den ‚enttarnten' Mitbrüdern zu sein.

3.3 Pathogene Hierarchie

Die Kritik kirchlicher Strukturen aus dem Inneren der römisch-katholischen Kirche ist ein schwieriges Unterfangen. Die Kirche versteht sich als *Heilige Ordnung*, und sie hat bisher kaum Denkfiguren entwickelt, um die nicht grundsätzlich negierten historischen Umstände ihrer Existenz hierzu in Bezug zu setzen (vgl. Abschnitt 1.1). Sie versteht überdies die Heilige Ordnung *als Hierarchie,* an deren Spitze der Papst als *Stellvertreter Christi* steht. Ihm gegenüber sind in erster Linie Bischöfe und Kleriker zu unbedingtem Gehorsam verpflichtet, doch wird er auch von den Laien erwartet. Diese im Hochmittelalter in Rom entwickelte Kirchenvorstellung hat sich, wie gezeigt wurde, praktisch erst im 19. Jahrhundert durchgesetzt, nachdem der umfassende Herrschaftsanspruch der Kirche im Rahmen der einen (abendländischen!) Christenheit zerbrochen und mit der Aufklärung ein konkurrierendes, nicht mehr theozentrisches, sondern anthropozentrisches Weltbild entstanden war.[187]

Entgegen den Intentionen des II. Vatikanums hat die Hierarchisierung und Zentralisierung seither noch zugenommen. Durch die professio fidei von 1989, einen Treueid zum „ordentlichen und allgemeinen Lehramt" der Kirche (also nicht nur zu dem außerordentlichen Lehramt des Dogmas), ist der wissenschaftliche Denkhorizont und Wirkungskreis der Theologie weiter

eingeschränkt worden.[187a] Die Unabhängigkeit der Orden gegenüber Bistümern und römischer Kurie ist stark zurückgegan-
gen, die kirchliche Seelsorge läuft nicht mehr auf zwei Beinen.
Der Codex des Kirchenrechts von 1983 bezeichnet den Papst
allein (und nicht mehr auch die Bischöfe, wie in „Gaudium et
Spes") als „Vicarius Christi".[188] Ferner wurden immer mehr bi-
schöfliche Entscheidungen römischer Genehmigung unterwor-
fen, das Finanzwesen zentralisiert und die Kontrolle der Bischöfe und Lehrer der Theologie durch die römische Kurie
ausgebaut, unterstützt durch die Verbesserung der Kommunikationsmittel.[189] Dem entspricht jedoch keineswegs eine Verbesserung des Rechtsschutzes von Kirchenangehörigen und
Klerikern, geschweige denn eine Rationalisierung und Effekti-
vierung der Tätigkeit der Kirchenzentrale in Rom.[190]

Bis zum II. Vatikanischen Konzil war von den Laien im
Rahmen des Kirchenverständnisses kaum die Rede. Es gehört
zu den geistigen Durchbrüchen des Konzils, die relative „Autonomie der irdischen Wirklichkeiten" anzuerkennen und
den Laien in diesem Bereich eine besondere Kompetenz zu-
zugestehen.[191] Was jedoch fehlt, ist die Anerkennung, dass
die Katholische Kirche in ihrer wandelbaren historischen Gestalt ebenfalls Teil dieser irdischen Wirklichkeiten ist, so dass
Kleriker oder Laien, die sich hiermit aus der Sicht ihrer Wissenschaften beschäftigen, dazu angehört und ernst genommen werden sollten. So werden im Zusammenhang mit der
Missbrauchskrise zwar zunehmend psychologische und psy-
chiatrische Interpretationen rezipiert und praktisch nutzbar
gemacht. Dagegen bleiben sozialwissenschaftliche Einsichten
außerhalb der kirchlichen Erörterungen.

Es spricht jedoch vieles dafür, dass das herrschende kirchliche Selbstverständnis einer Aufarbeitung kirchlicher Krisen-
erscheinungen im Wege steht. Aus der Sicht des Soziologen
stellt das Modell einer absolutistischen Hierarchie, wie es dem

herrschenden Kirchenverständnis zugrunde liegt, eine sehr schlichte Vorstellung dar, die der historischen und aktuellen Wirklichkeit nicht gerecht wird. Das Denkmodell lässt sich auf römische Ursprünge zurückführen und prägte auch noch das Sozialverständnis bis zum Investiturstreit (vgl. Kapitel III, 3.2). Hinter die Anerkennung der Differenz zwischen geistlicher und weltlicher Gewalt fiel die päpstliche Lehre von Bonifaz VIII. bis zum II. Vatikanischen Konzil wieder zurück. Dieses hat mit der ‚Volk Gottes‘ und der ‚Communio‘ – Theologie zwar die Grundlagen für ein komplexeres Kirchenverständnis geschaffen, die jedoch zum mindesten im Rahmen der Praxis der römischen Kurie kaum rezipiert worden sind.[192]

Während sich die Kirche in vergangenen Jahrhunderten in ihrer Organisation durchaus an Gegebenheiten ausrichtete, die in anderen politischen Herrschaftsverbänden entwickelt worden waren, ist heute eine merkwürdige *Zurückhaltung gegenüber zentralen kulturellen Selbstverständlichkeiten wie Rechtsstaatlichkeit und Autonomie der Persönlichkeit* zu beobachten. Das gilt insbesondere für kirchliche Verfahren, denen die Transparenz und eine klare Rechtsstellung der Betroffenen fehlen. Dies wirkt sich auch als Unsicherheit der Bischöfe im Umgang mit Missbrauchsfällen aus. Aus Rom kommen widersprüchliche Signale, und nur wenige Bischöfe strahlen Glaubensfreude und Verantwortungsbereitschaft aus. Aus einzelnen Diözesen werden Tendenzen berichtet, Abklärungen von Missbrauchsfällen ganz an die Staatsanwaltschaften abzugeben. Dass damit die Bedeutung von Kirche als Raum des Vertrauens zerstört würde, und zwar für Kleriker wie Opfer gleichermaßen, wird übersehen.

Grundsätzlicher zeigt sich die pathogene Situation im Fehlen verlässlicher kirchlicher Verwaltungsverfahren und der gerichtlichen Überprüfbarkeit bischöflicher Entscheidungen, wie überhaupt im *Fehlen von Instanzen innerkirchlicher*

Konfliktschlichtung. In einer rein hierarchischen Organisation sind Konflikte nicht vorgesehen. Solange Gehorsam bedingungslos eingefordert wird, ist nur Ungehorsam, aber kein in Auseinandersetzung zu klärender Konflikt möglich. Dass dies zu schwerwiegenden psychischen Belastungen der Betroffenen führen kann, und zwar insbesondere bei loyalen Klerikern und Gläubigen, ist vielfach nachgewiesen.

Das Befehl- und Gehorsamsmodell, das der Logik frühneuzeitlicher Militär- und Verwaltungspraxis entspricht, widerspricht in besonderem Maße dem wachsenden Selbstbewusstsein und der zunehmenden Handlungsfähigkeit der Menschen in wirtschaftlich entwickelten Gebieten der Erde, die im Westen durch die Forderungen der Aufklärung – Autonomie, Gleichheit, Teilhabe – überhöht werden. Es kann daher nicht überraschen, dass sich hier immer weniger junge Menschen für das Priestertum entscheiden (vgl. 1.3); wahrscheinlich sind die Ambivalenzen, mit denen heute eine Tätigkeit als einer besonderen Disziplin unterworfener Kleriker verbunden sind, ein größeres Hindernis als der Zölibat.

Die größte Schwäche des Modells strikter Hierarchie ist das *Fehlen von Vorkehrungen zum Lernen.*[192a] Aus organisationssoziologischer Sicht sind streng hierarchisch aufgebaute Institutionen, der wachsenden Komplexität der Weltverhältnisse immer weniger gewachsen. Hinzu kommt die zunehmende Selbstbindung des Papstes bzw. der Kurie durch die erst 1856 von einem deutschen Jesuiten erfundene Denkfigur des *ordentlichen Lehramts,* welcher auch das Schreiben *Tuas libenter* des Papstes Pius IX. (1863) inspirierte, von wo sie ihren Weg in die Dogmatische Konstitution *Dei Filius* des I. Vatikanischen Konzils fand.[192b] Die Ablösung des Absolutismus durch andere, höhere Autonomie der Teilbereiche und Akteure zulassende Herrschaftsformen war nicht nur ein Postulat der Konstitutionalisierungs- und Demokratisierungsbewegung, sondern hat sich auch praktisch als durchaus erfolgreich erwiesen. Sie entspricht überdies dem Subsidiaritätsprinzip, das vom Papsttum für die Ordnung der weltlichen Verhältnisse, aber bisher nicht der Kirche selbst propagiert wird. Die jüngste Bestätigung hierfür brachte der Zusammenbruch der zentralistisch geführten kommunistischen Länder.

Es liegt auf der Hand, dass diese Spannung zwischen dem Leitbild und der sporadischen Praxis einer geschlossenen Hierarchie und den Umständen einer vergleichsweise offenen Gesellschaft gerade bei denen, die ihre Kirche lieben, zu seelischen Konflikten führt, die nicht selten in psychische Krankheiten führen.[193]

Der Zusammenhang zwischen Kirchenstrukturen und individuellen Handlungsweisen wird am Beispiel sexueller Gewalt besonders deutlich. So erklärte die Arbeitsgemeinschaft deutschsprachiger Moraltheologen am 19. April 2010 zu den Fällen von sexuellem Missbrauch in kirchlichen Einrichtungen: „Auch wenn die Herstellung einer direkten Kausalität leicht zurückgewiesen werden kann, darf nicht übersehen werden, dass indirekte systemische Zusammenhänge sehr wohl bestehen. Insbesondere gilt es, dem Zusammenhang zwischen dem psychisch unreifen Bedürfnis nach Nähe, Bestätigung und sexueller Erfüllung einzelner Personen gegenüber Kindern und Jugendlichen und ermöglichenden, begünstigenden und das Schweigen sichernden Strukturen (Abhängigkeitsverhältnisse, Machtgefälle, Sakralisierung von Personen und Funktionen, Straf- und Belohnungsmonopole, etablierte Denk- und Sprachtopoi über das andere Geschlecht u. a. m.) selbstkritisch nachzugehen. Auch die erst im Lauf der Kirchengeschichte zustande gekommene Verknüpfung zwischen Zölibatsverpflichtung und dem Zugang zum Priestertum bedarf unter dem Aspekt möglicher problematischer Auswahleffekte einer sorgfältigen Überprüfung."[194]

4. Fazit: Krank, aber überlebensfähig

Natürlich sind komplexe soziale Gebilde etwas anderes als Organismen, denen diese Titelbegriffe ursprünglich zugeordnet worden sind. Aber mir fällt kein besseres Bild ein, um die Diagnose dieses Kapitels auf einen kurzen Nenner zu bringen. Die aktuelle Kirchenkrise wird vorübergehen. Der moralische Skandal der Vertuschung klerikaler Verbrechen wird wahrscheinlich nur vorübergehende Wirkung zeitigen, wenn die Kirche, wie angekündigt, hier Verfahren der Prüfung und der Zusammenarbeit mit staatlichen Behörden entwickelt. Die öffentliche Empörung im Horizont der weltweiten Bewegung für Kinderrechte wird das kollektive Gedächtnis prägen und wahrscheinlich auch die Häufigkeit derartiger Delikte reduzieren. Ob die Kirche daraus etwas für ihre Auseinandersetzung mit den Entwicklungen der Moderne und ihre eigene Verfasstheit lernt, ist eine andere, eher skeptisch stimmende Frage. Auch ihre Reaktionen werden ihre Spuren im kollektiven Gedächtnis hinterlassen.

Die römisch-katholische Kirche wird auch diese Krise überleben, wie so viele zuvor. Zwar lässt sich aktuell in Europa die Entstehung einer defensiven Klerikerkultur beobachten und damit eine Zurückdrängung der Partizipationschancen der Laien, anstatt diese im Lichte des II. Vatikanums weiter zu entwickeln. Das Konzept des Klerikers wird rigidisiert auf das ausschließlich männliche Priestertum hin, und dieses wird vor allem in der Form der diözesanen Organisation verfasst, welche ihrerseits dem theoretischen Hierarchiemodell besser entspricht als z. B. die genossenschaftlich organisierten Orden. Gleichzeitig erodiert die Pfarreiebene infolge von Priestermangel. Dies alles sind „hausgemachte" Probleme der Kirche, welche die Bereitschaft zum kirchlich vermittelten Glauben schwächen – zusätzlich zu den Folgen der Modernisierung, Liberalisierung und Autonomisierung der Gesellschaft. Hinzu kommen Ergebnisse der historischen Forschung, welche das Selbstbild der Kirche in Frage stellen.

Dennoch ist es höchst unwahrscheinlich, dass diese Probleme die Kirche existentiell bedrohen. Zum einen zeigt die Religionsgeschichte, dass Religionen generell zu den dauerhaftesten Gebilden der Menschheitsgeschichte gehören. Religionen scheinen nie aus sich selbst, sondern nur durch äußere Einwirkungen, insbesondere Verfolgung und Vernichtung, untergegangen zu sein.[195] Für die römisch-katholische Kirche kommt ihre weltweite Verbreitung, ihre hochgradige Organisation, ihr breites dogmatisches Fundament, ihr nach wie vor beeindruckendes soziales Engagement und vor allem der Reichtum ihrer kultischen und spirituellen Zeugnisse hinzu, was insgesamt die römische Kirche nach wie vor zur einflussreichsten und konsolidiertesten Religionsform der Welt macht.

Das schließt selbstverständlich nicht aus, dass in manchen Weltregionen der katholische Glaube weiter zurückgeht, sei es auf Grund von Feindseligkeit bzw. Unterdrückung oder auch aufgrund wachsender Gleichgültigkeit der Mitglieder, wie dies einleitend für Deutschland berichtet wurde (vgl. Kapitel I). *Es geht den Kirchen in Deutschland in jeder Hinsicht gut, mit der einen Ausnahme: dass sie den Kontakt zur „Seele" der meisten Menschen verloren zu haben scheinen, sie also innerlich nicht mehr ansprechen können.* Dies scheint mir ein auch theologisch relevanter Sachverhalt zu sein. Hier wird man durchaus von ‚Krankheitssymptomen' auch auf der Systemebene sprechen dürfen.[195a] Hierzu gehört unter anderem die nunmehr auch päpstlicherseits in Frage gestellte Regelung, dass die Weigerung zur Zahlung von Kirchensteuern, deren Verwendung ausschließlich den Bischöfen vorbehalten ist, nur durch Kirchenaustritt, also durch eine Art Selbstexkommunikation, zu realisieren ist. Eine staatlicherseits eingetriebene kirchliche Zwangsabgabe verträgt sich schlecht mit dem christlichen Liebesgebot und prägt die Kirchenwahrnehmung im Sinne einer entfremdenden Superstruktur.

Während die klassische Moraltheologie Sünde nur in der Form individueller Verfehlungen kannte, sprechen neuere päpstliche Verlautbarungen auch von „struktureller Sünde". Damit sind insbesondere Verhältnisse gemeint, die die Unterdrückung, Ausbeutung oder Kränkung von Menschen erleichtern oder gar legitimieren. Die Kirche sollte diese Perspektive auch auf sich selbst anwenden: Man könnte den seit dem letzten Konzil noch verstärkten hierarchischen Zentralismus der Kirche und die dadurch legitimierten Machtverhältnisse – theologisch gesprochen – durchaus in der Perspektive struktureller Sünde betrachten.

Wem ein schlichtes Überleben der Kirche in der Form einer hoch organisierten Superstruktur nicht genügt, wird hierzulande an seiner Kirche leiden. Er wird das Leuchtende, Hoffnung Spendende des Glaubens vermissen. Auch viele klerikale Repräsentanten der Kirche leiden, insbesondere an den Spannungen zwischen dem traditionellen Selbstverständnis der Kirche und den Herausforderungen der Moderne. Der Soziologe kann hier wenig Trost spenden; er kann nur darauf hinweisen, dass die Spannung zwischen der biblischen Botschaft und den Realisierungen christlicher Vergemeinschaftung die ganze Christentumsgeschichte begleitet hat. Dieser Hinweis macht Kritik der gegenwärtigen Zustände nicht überflüssig, denn die Aufrechterhaltung eines biblisch und kulturell geformten Glaubens spielt eine entscheidende Rolle für die Vitalität des Christentums. Wenn es den christlichen Kirchen nicht mehr gelingt, das Gottesgedächtnis aufrecht zu erhalten und damit alle innerweltlichen Mythen in die Schranken ihrer funktionalen Reichweite zu verweisen, sind sie auf Dauer zu nichts mehr nütze.[196] Umgekehrt darf gehofft werden, dass die sich beschleunigende Abnutzung innerweltlicher Mythen den Blick wiederum frei gibt für die Größe des Gottesgedankens und seine christliche Ausformung.

Während in früheren Jahrhunderten die kirchliche Autorität sich oft auch ohne diskursive Begründung durchsetzen konnte, haben heute die Ansprüche an die Konsistenz zwischen kirchlichen Forderungen und ihrer Einlösung durch kirchliche Amtsträger stark zugenommen und sind zudem weit stärker Gegenstand öffentlicher Erörterung geworden. Angesichts dieser Ansprüche kann man nur durch überdurchschnittliche Tugendhaftigkeit oder mit der Bereitschaft zu auch öffentlicher Selbstkritik glaubwürdig bleiben. Und selbst dann muss die kirchliche Autorität mit dem Ideologieverdacht einer ihr misstrauisch gegenüberstehenden säkularisierten Öffentlichkeit umgehen.

Die Vernachlässigung der Orden durch das II. Vatikanische Konzil rächt sich hier. Es war ein „Konzil der Bischöfe", denen es jedoch noch weit schwerer gelingen wird, die Ideale des Christentums glaubhaft zu repräsentieren als den Orden. Es braucht schon ein gutes Stück Askese und Weltdistanz, um in dieser Zeit Zeugnis zu geben. Das ist im zwangsläufig mit Politik und Ökonomie verwobenen Geschäft der Hierarchen kaum zu leisten. An die Stelle der Orden sind in Rom neue religiöse Bewegungen wie das ‚Opus Dei' oder die ‚Legionäre Christi' getreten, die bisher den Beweis schuldig geblieben sind, dass es ihnen um das Heil der Gläubigen und Ungläubigen, und nicht nur um die Macht in der Kirche geht. Welche Rolle die katholische Kirche in den auf den Grundsätzen und Hoffnungen der Aufklärung fußenden Kulturen der Moderne auf Dauer spielen kann, wird entscheidend davon abhängen, inwieweit sie ihre eigenen Grundsätze und ihre Praxis an den beiden – Kirche und Aufklärung – gemeinsamen Prinzipien der christlichen Botschaft zu orientieren vermag. Von Seiten der Moraltheologie ist in Deutschland im Gefolge von Alfons Auer und Franz Böckle hierzu wertvolle Vorarbeit geleistet worden.[197]

VII. Schlussbemerkungen

Angesichts eines manifesten Schrumpfens der noch vor einer Generation den religiösen Bereich absolut dominierenden christlichen Kirchen in Westeuropa (Kapitel I) stellt sich die Frage, ob das Christentum den Herausforderungen einer von technischen und institutionellen Erfolgen geprägten modernen Lebensweise noch etwas zu sagen hat. Wir haben im II. Kapitel zu zeigen versucht, wie das Christentum in einer auf den ersten Blick der unsrigen nicht unähnlichen Epoche zum Erfolg gelangt ist, nämlich im Rahmen der antiken Stadtkultur, die durch erheblichen Wohlstand, durch die Existenz einer pluralistischen Reflexionselite und durch eine wachsende Verunsicherung mit Bezug auf die traditionellen Identitätsmerkmale der Reichseinheit gekennzeichnet war. Im III. Kapitel wurden zwei Formen des Einwirkens des Christentums auf die historischen Entwicklungen des so genannten Abendlandes skizziert, die in ihrer Konsequenz zur Entstehung jener freiheitlichen Kultur und Staatsverfassung geführt haben, die im Grundsatz auch noch die unsrige ist. Im IV. Kapitel haben wir die Rückwirkungen dieser neuzeitlichen Entwicklungen auf das Christentum anhand des Leitfadens der Säkularisierungsdiskussion behandelt, was zu einem ambivalenten Ergebnis geführt hat: Einerseits ist das Christentum in verkirchlichter Form nach wie vor ein wichtiges Strukturelement moderner Gesellschaften, und auch im Ethos dieser Gesellschaften lässt sich der Niederschlag ihrer christlichen Herkunft durchaus erkennen. Andererseits ist vor allem in jüngster Zeit ein deutlicher Traditionsabbruch in der Weitergabe christlicher und kirchlicher Orientierungen zu beobachten. Offensichtlich gelingt es insbesondere den hoch organisierten Kirchentümern immer weniger, die nachwachsenden Generationen für sich zu gewinnen.

Im V. Kapitel wurde deshalb nach den Bedingungen und Gründen dieser Entwicklung gefragt. Folgt man den hier skizzierten Überlegungen, so erscheint als Hauptbedingung für den Einflussverlust der Kirchen *eine Veränderung im Verhältnis von kulturellen, organisatorischen und lebensweltlichen Aspekten dessen, was bis dahin ohne Mühe bald als ‚Christentum‘, bald als ‚Religion‘, bald als ‚Kirche‘ bezeichnet wurde.* Seit den siebziger Jahren entwickelt sich der Sinn dieser drei Aspekte zunehmend auseinander, was als Symptom der hier angesprochenen Probleme gelten kann.

Die tendenzielle Verselbständigung von Kultur, institutionell-organisatorischen Strukturen und den im einzelnen immer vielfältiger gewordenen lebensweltlichen Gegebenheiten ist ein charakteristisches Merkmal der sich modernisierenden Sozialzusammenhänge und nicht auf den religiösen Bereich beschränkt. Sie wird hier jedoch als besonders problematisch empfunden, weil religiöse Sinnzusammenhänge nach herkömmlichem Verständnis auf *kulturellen Symbolisierungen* beruhen, deren Plausibilität auf *sozialer Vermittlung* und nicht etwa auf unmittelbarer lebenspraktischer Nützlichkeit beruht.

Die soziale Vermittlung des christlichen Glaubens beruhte noch bei uns Älteren auf dem Zusammenwirken kirchlicher und nicht-kirchlicher Einflüsse, die untereinander eng vernetzt waren. Familie, Verwandtschaft, Jugendgruppen, Freunde, ja vielerorts auch Schule, politische und wirtschaftliche Verkehrskreise waren eng mit Konfession und Kirchengemeinde bzw. Pfarrei verbunden und bildeten eine *gemeinsame Lebenswelt,* in die religiöse Praktiken und Sinndeutungen mit lebenspraktischen Vollzügen *vermischt* eingelassen waren: Kirchliche Feiertage oder die Feier von Lebenswenden hatten so stets einen kollektiv vorgegebenen und stabilisierten Sinn, der auch individuell erfahrbar blieb und bei entsprechenden Gelegenheiten, insbesondere jedoch in kritischen Lebenssituationen zum Tragen kam.[198]

In der jüngsten, durch die zunehmende Medialisierung aller Lebenszusammenhänge zu kennzeichnenden Phase der Moderne wird *persönliche Erfahrung*, auch religiöse Erfahrung, zum gesuchten Kontrastprogramm. Dem entsprechend scheinen vor allem spirituelle Angebote und Bewegungen auf Interesse zu stoßen.[199]

Unser historischer Rückblick sollte verdeutlichen, dass das Christentum zunächst im Zuge der christlichen Gemeindebildungen sich seine eigene Typik von Lebenswelten und Sinnstrukturen schuf, die sich von ihrer heidnischen Umgebung abhoben. Die Stabilisierung derartiger religiös imprägnierter Sinnstrukturen verband sich seit der ‚Konstantinischen Wende‘ eng mit dem politischen Schicksal der Gemeinwesen und gewann dadurch eine umfassende Selbstverständlichkeit, die sich erst mit der Religionskritik der Aufklärung kulturell und mit der Einführung der Religionsfreiheit sowie der Entkoppelung von Religion und Politik strukturell auflöste. Die darauf folgende konfessionsspezifische Vergesellschaftung des 19. und frühen 20. Jahrhunderts bewahrte jedoch die Lebenswelten der meisten Zeitgenossen noch vor Verunsicherung und gewährleistete auf neue Weise die soziale Vermittlung christlicher Traditionen.

Allerdings blieb das Tradierte im Laufe der Zeit nicht identisch, sondern wandelte sich mit den sich verändernden Umständen. Solche Wandlungen wurden für die Römisch-Katholische Kirche im VI. Kapitel aufgezeigt, wobei eine sich steigernde Tendenz zur Zentralisierung und eindimensionalen Hierarchisierung diagnostiziert wurde, welche dem ‚Vermittlungsproblem‘ kaum gewachsen sein dürfte.

Der Abbruch christlicher Glaubensvermittlung ist somit im Wesentlichen auf das Brüchigwerden sozialer Vermittlungen christlicher Sinngehalte im Amalgam lebensweltlicher Traditionen zurückzuführen.[200] Der Traditionsabbruch bezieht sich also nicht auf das Christentum allein, sondern auf großräumige Prozesse der lebensweltlichen Traditionsbildung überhaupt. Die Lebensführung der individualisierten jüngeren Generationen folgt vielfältigen Maximen, die sich kaum mehr zu dauerhafte Verbindungen stiftenden, längerfristig wirksamen Traditionen verfestigen.[201]

Der Traditionsabbruch ist auch nicht vollständig, denn die zentralen Gehalte des christlichen Ethos (von den zehn Geboten bis zur Menschenwürde und zur Sorge um die Schwachen) haben sich in den kulturellen Überzeugungen der westlichen Moderne und in manchen ihrer Institutionen nieder geschlagen.

Gemeinschaftliche Bindungen scheinen in dem Maße entbehrlicher, als die Institutionen kollektiver Daseinsvorsorge auch den für sich lebenden Individuen Daseinssicherheit versprechen. Zwar sind diese innerweltlichen Garantien keineswegs über jeden Zweifel erhaben, aber ihre Risiken übersteigen den Rahmen alltäglicher Erfahrungen genau so wie die Verheißungen des Christentums. Die kulturellen Deutungen bleiben abstrakt, soweit sie nicht in sozialen Kommunikationszusammenhängen konkretisiert und handlungsrelevant werden. Soziale Bewegungen, wie wir sie im Bereich der Ökologie, der Kritik an der Nutzung der Kernenergie, aber auch mit Bezug auf soziale Probleme beobachten können, erscheinen als typische Form sozialer Vermittlungen kultureller Gehalte unter den diagnostizierten (post-)modernen Bedingungen.

Die christlichen Kirchen stehen somit vor dem Problem, dass viele ihrer elementaren moralischen Lehren heute ins öffentliche Bewusstsein eingegangen sind und Bestandteil einer allgemein anerkannten Minimalmoral geworden sind, welche heute vor allem als Fragen des Schutzes der Menschenrechte thematisch werden. Sie können (und müssen nach ihrem Selbstverständnis) sich für deren bessere Verwirklichung einsetzen, aber diese Forderungen sind nicht mehr etwas, das sie unterscheidet, das moralische Intuitionen für ihre eigene Glaubhaftigkeit im Unterschied zur herrschenden Kultur mobilisiert.

Die von ihnen vertretenen ‚supererogatorischen‘ Grundsätze, also Forderungen, die nicht aus Pflicht sondern nur aus Tugend, oder um eine zentrale christliche Formel zu verwenden: aus Glaube, Hoffnung und Liebe zu erfüllen sind, haben es schwer, sich als allgemein gültige oder auch nur als erfüllbare Forderungen glaubhaft zu machen. In einer pragmatischen, im Alltag utilitaristisch geprägten Kultur fehlt es an Motiven und Anlässen, sich auf einen Weg des Glaubens einzulassen. Selbst in Ländern der Dritten Welt konkurrieren heute christliche Einrichtungen mit anderen Nicht-Regierungsorganisationen. Es fehlt auch an exemplarischen Leistungen der Christen oder der Einrichtungen christlicher Kirchen hierzulande, welche einen Glauben, der Berge versetzen kann, plausibel machen könnten. Das scheint mir die wahre Verlegenheit der Kirchen in einer saturierten Kultur zu sein.

Die Diagnosen zur aktuellen religiösen Situation sind vielfältig und verwirrend. ‚Religion‘ wird heute bald mit ‚Kultur‘, bald mit ‚Kirchen‘, bald mit ‚Vergemeinschaftung‘, bald mit den individuellen Bestrebungen der Menschen nach Selbstverwirklichung, Sinn oder Heil ineins gesetzt. Alles Reden von ‚Religion‘ setzt jedoch voraus, dass ihr Inhalt bekannt sei. ‚Religion‘ im Sinne einer fraglosen sozialen Vermittlung von Kultur, Lebenswelt und Lebenssinn wird jedoch gesellschaftlich immer unwahrscheinlicher. Ob das die Menschen, ob das die Bedingungen des Heranwachsens neuer Generationen auf die Dauer aushalten, ist eine offene, m.E. eher skeptisch zu beantwortende Frage. Viel wird auf die Fortentwicklung des Bildungswesens ankommen, das in Deutschland infolge der föderalen Struktur und fehlender Pragmatik statt Grundsatzdebatten nach wie vor darniederliegt. Die wachsende Orientierungslosigkeit könnte eine Rückwendung zu grundlegenden Fragen motivieren, wie sie im Erfahrungsschatz des Christentums gestellt und auch beantwortet werden: Gottvertrauen statt Weltvertrauen. Eine solche Rückwendung führt aber nur dann nicht in eine fundamentalistische Sackgasse, wenn das Offene und Befreiende der christlichen Botschaft deutlich wird.

Ersichtlich ist auf jeden Fall, dass Sinnfragen heute in einem Maße individualisiert sind wie nie zuvor in der menschlichen Geschichte. Zu dieser Entwicklung hat das Christentum, wie gezeigt wurde, nachhaltig beigetragen, ja sie entspricht im Maße seiner Individualisierung des Glaubensanspruchs sogar dem Gesetz, nach dem die prophetische Tradition des Judentums und die personalisierende, trinitätsmystische Tradition des Christentums angetreten sind. Dürfen wir hoffen, dass diese die Entwicklung der abendländischen Kultur prägenden Deutungsmuster neue soziale Vermittlungen finden, z. B. neue Formen kollektiver Spiritualität? Oder wird das Christentum vor allem in den Schwellenländern der Modernisierung überleben, deren soziale Ressourcen weniger verbraucht sind?

Alles in allem erscheinen die Perspektiven für das Christentum in unseren Breitengraden wenig erfreulich. Das mag die einen aus politischen Nützlichkeitserwägungen, die anderen aus persönlicher Identifikation mit dem christlichen Glauben betroffen machen. Den Erstgenannten, die das Christentum nur um seiner Nützlichkeit willen hoch schätzen, sei gesagt, dass die Schwierigkeiten christlicher Glaubensvermittlung Symptome einer weiter reichenden Krise der Vermittlung traditioneller Werte an die nachwachsenden Generationen darstellen. In ihrem Glauben angefochtenen Christen sei dagegen empfohlen, die Psalmen des Alten Testaments, die johanneischen Abschiedsreden Jesu und die Briefe des Apostels Paulus bewusst zur Kenntnis zu nehmen. Sie könnten daraus lernen, dass die jüdisch-christliche Glaubenstradition stets eine angefochtene war, und dass ihr weltlicher Erfolg nicht in Aussicht gestellt wurde. Die Beharrlichkeit des Glaubens auch unter den „Leiden dieser Welt" gehört ebenso zu den Merkmalen dieses Glaubens wie die Hoffnung auf göttlichen Beistand. Eine „schöpferische Ratlosigkeit"[202], und damit die Bereitschaft, aus strukturellen Verkrustungen aufzubrechen, wäre keine ungünstige Voraussetzung für die Auseinandersetzung mit einer unsicheren, offenen Zukunft.

Anmerkungen

[1] Die folgende Darstellung beschränkt sich auf den deutschen Fall. Sowohl die unterschiedlichen staatskirchenrechtlichen Verhältnisse als auch national-geschichtliche Eigenarten und differierende Forschungsmethoden führen zu von Land zu Land nicht streng vergleichbaren statistischen Daten und unterschiedlichen Interpretationen. An einer generellen Tendenz wachsender Kirchendistanz ist jedoch nicht zu zweifeln. Vgl. die Ergebnisse der europäischen Wertestudie bei Zulehner, Paul M. u. Hermann Denz: *Wie Europa lebt und glaubt.* Düsseldorf 1993; sowie Tabellenband. Wien 1993. Für die Schweiz vgl. die differenziertere Untersuchung von Dubach, Alfred u. Roland J. Campiche (Hrsg.): *Jede(r) ein Sonderfall? Religion in der Schweiz.* Zürich u. Basel 1993.Ergebnisse der neuesten Welle der Europäischen Wertestudie (2008) liegen für Österreich vor: Friesl, Christian (Hrsg.): *Die Östereicher/-innen: Wertewandel 1990–2008.* Wien 2009.

[2] Die hier mitgeteilten Daten verdanke ich dem ehemaligen Direktor beim Statistischen Bundesamt, Herrn Dr. Karl Schwarz, Wiesbaden.

[3] Nach Graf, Friedrich Wilhelm: Die Kirchen als Problem. In *Mut* Nr. 512, Mai 2010, S. 16–29, hier S. 20.

[4] Die Wirkungen des Missbrauchsskandals werden durch folgende Zahlen des Allensbacher Instituts für Demoskopie verdeutlicht: „Der Anteil der Bevölkerung, der der Kirche allgemein zutraut, in moralischen Fragen Orientierung zu geben, ist seit 2005 von 35 % auf 23 % gesunken, allein zwischen März und Juni dieses Jahres von 29 % auf 23 %. Zugleich ist die Überzeugung schwächer geworden, dass von den Kirchen Antworten auf Sinnfragen zu erwarten sind. 2005 waren davon noch 50 % der Bevölkerung überzeugt, im März dieses Jahres 45 %, jetzt 38 %." (*Frankfurter Allgemeine Zeitung* 23. 6. 2010).

[5] Vgl. Ebertz, Michael N.: *Kirche im Gegenwind. Zum Umbruch der religiösen Landschaft.* Freiburg i. Br. 1997, S. 56. Vgl. auch Pollak, Detlef u. Geert Pickel (Hrsg.) *Religiöser und kirchlicher Wandel in Ostdeutschland 1989–1999.* Opladen 1999.

[6] Ebertz, *a. a. O.*, S. 71 f.

[7] *Ebda.*, S. 62 f.

[8] Jagodzinsky, Wolfgang u. Karel Dobbelaere: Der Wandel kirchlicher Religiosität in Westeuropa. In: *Religion und Kultur.* Hrsg. v. Jörg Bergmann, Alois

Hahn u. Thomas Luckmann. Sonderheft 33 der Kölner Zeitschrift für Soziologie und Sozialpsychologie. Opladen 1993, S. 68–91, Zitate S. 89.

[9] Wolf, Christoph: Religion und Familie in Deutschland. In: *Zeitschrift für Evangelische Ethik* 47 (2003) Nr. 1, S. 53–71.

[10] (*www.voice-of-the-people*.net) In allen anderen (46!) Ländern, in denen die Umfrage durchgeführt wurde, erreichten „religious institutions" bessere Werte, im Durchschnitt den 4. von 17 Rängen. Das Ergebnis für Deutschland lautet: 7,7 % der Befragten äußerten viel; 31,5 % einigermaßen, 36,2 % wenig und 22,5 % überhaupt kein „Vertrauen", dass „religiöse Gruppen und Kirchen" „zum Wohle unserer Gesellschaft handeln". Die Formulierung „Religiöse Gruppen" klingt im Deutschen pejorativ im Vergleich zu „religious institutions"; das könnte einen Teil der größeren Skepsis erklären, aber sicher nicht allein, wie auch die Ergebnisse der McKinsey-Studie zeigen.

[11] Auswertung des Verfassers von z.T. unveröffentlichten Materialien. Zur Umfrage im Allgemeinen siehe *www.perspektive-deutschland*.de.

[12] Franz Höllinger weist darauf hin, dass die heute zu beobachtenden Unterschiede in der Kirchenbindung verschiedener Regionen Europas deutlich mit weit zurückliegenden Ereignissen korrelieren. So lebten z. B. bei den Kelten die Druiden zölibatär, so dass die Durchsetzung der Zölibatsnorm im Klerus auf weit geringere Schwierigkeiten stieß als bei den Germanen. Nicht von ungefähr wurde das iro-schottische Mönchtum zu einem der wichtigsten Christianisierungsfaktoren Zentraleuropas, während in Skandinavien das Mönchstum nie Fuß fassen konnte. Vgl. Höllinger, Franz: *Volksreligion und Herrschaftskirche. Die Wurzeln religiösen Verhaltens in westlichen Gesellschaften*. Opladen 1996, S. 163 ff., 220 ff.

[13] Vgl. Harnack, Adolf: *Die Mission und Ausbreitung des Christentums in den ersten drei Jahrhunderten*. Leipzig 1902.

[14] Allerdings ist dies nicht die gesamte Geschichte des Christentums, das vielmehr im ersten Jahrtausend, ja bis ins 14. Jahrhundert, auch in Teilen Afrikas und Asiens sehr einflussreich war. Vgl. hierzu Jenkins, Philip: *Das goldene Zeitalter des Christentums. Die vergessene Geschichte der größten Weltreligion*. Freiburg i. Br. 2010 (engl. 2006).

[15] Wesentliche Anregungen für das Folgende verdanke ich Markschies, Christoph: *Zwischen den Welten wandern. Strukturen des antiken Christentums*. Frankfurt a.M. 1997; die einzige umfassende Kirchengeschichte, welche die Entstehung des Christentums in den größeren Kontext der antiken Kultur und Gesellschaft stellt, ist Lietzmann, Hans: *Geschichte der alten Kirche*. 4 Bde. Berlin 1932–1944. Neudruck als Paperbackausgabe Berlin in einem Band 1999.

[16] Vgl. Rosen, Klaus: Jesu Geburtsdatum, der Census des Quirinius und eine

jüdische Steuererklärung aus dem Jahr 127 n. C. In: *Jahrbuch für Antike und Christentum* 38 (1995), S. 5–15.

[17] Vgl. Ebertz, Michael N.: *Das Charisma des Gekreuzigten*. Tübingen 1987.

[18] *Ebda.*, S. 82 f.

[19] Zum Begriff der Selbststigmatisierung vgl. Lipp, Wolfgang: *Stigma und Charisma. Über soziales Grenzverhalten*. Berlin 1985, S. 79 ff.

[20] Überdies ist auch die gruppendynamische Hypothese angesichts der kulturellen Umstände wenig plausibel: „Die Gestalt eines Mensch gewordenen Gottes aber, der seine Leiblichkeit in den himmlischen Zustand mitnähme, war der jüdischen Denkweise so fremd als möglich. Niemals hätte ‚das Unbewußte‘ galiläischer Fischer mit einem solchen Bilde ihre Depression überwunden." Guardini, Romano: *Der Herr – Betrachtungen über die Person und das Leben Jesu Christi*. 16. Aufl., Mainz u. Paderborn 1997, S. 493.

[21] Lietzmann, a. a. O. (FN 15), S. I,102 f.

[22] „Wie es zu diesem riesenhaften Anschwellen der Judenschaft in der Diaspora hat kommen können, ist und bleibt ein Rätsel: Man hat es … (nach F. Rosen, *Juden und Phönizier*, 1929) durch die Annahme zu lösen versucht, dass in großem Umfang andere Semiten und speziell die einst verbreiteten, aber allmählich ganz aus unserem Gesichtskreis verschwindenden Phönizier von den Juden aufgesaugt worden seien." Lietzmann, a. a. O. (FN 15), S. I,70.

[23] Lietzmann, *ebda.*

[24] Vgl. Schaubild bei Andresen, Carl: *Die Kirchen der alten Christenheit*. Stuttgart 1971, S. 22.

[25] Markschies, a. a. O. (FN 15), S. 53.

[26] Markschies, ebda., S. 229.

[27] Markschies, ebda., S. 229 f.

[28] Vgl. Judge, E. A.: Gesellschaft/Gesellschaft und Christentum III: Neues Testament, in: *Theologische Realenzyklopädie*, Bd. 12, Berlin/New York 1984, S. 767.

[29] Vgl. Girard, René: *Des choses cachées depuis la fondation du monde*. Paris 1978; hierzu auch: Kaufmann, Franz-Xaver: Macht Zivilisation das Opfer überflüssig? In: *Zur Theorie des Opfers*, hrsg. v. Richard Schenk. Stuttgart-Bad Cannstadt 1995, S. 173–187.

[30] R. M. Grant: *Christen als Bürger im Römischen Reich*. Göttingen 1981, S. 16; nach Markschies (a. a. O., S. 181) eine eher optimistische Annahme.

[31] *Fischer-Weltgeschichte*, Bd. 9: *Die Verwandlung der Mittelmeerwelt*. Frankfurt a.M. 1968, S. 29.

[32] *Fischer-Weltgeschichte*, Bd. 9, S. 33.

[33] Vgl. Lietzmann, a. a. O. (FN 15), S. III, 59–62.

[34] Andresen, a. a. O. (FN 24), S. 316.

[35] Karl-Heinz Messelken: Zur Durchsetzung des Christentums in der Spätantike. Strukturell-funktionale Analyse eines historischen Gegenstandes. In: *Kölner Zeitschrift für Soziologie und Sozialpsychologie* 29 (1977), S. 261–294, Zitat S. 272.

[36] *Ebda.*, S. 273.

[37] *Fischer-Weltgeschichte*, Bd. 9, S. 43.

[38] Vgl. Barlow, Jonathan, The Legitimisation of the Franks: Continuity and Discontinuity in Religious Ideology in Late Antiquity. In: *Religion in the Ancient World*, ed. by Matthew Dillon. Amsterdam 1996, S. 1–15.

[39] Vgl. Lietzmann, a. a. O. (FN 15), IV, S. 125–174.

[40] Vgl. Marrou, Henry. I.: Von der Christenverfolgung Diokletians bis zum Tode Gregors des Großen. In: *Geschichte der Kirche*. Hrsg. v. L. J. Rogier u. a., Bd. 1, Einsiedeln 1963, S. 235–453, hier S. 332–337.

[41] Vgl. zur Entwicklung und dem Untergang der west- (,Jakobiten') und ostsyrischen (,Nestorianer') Kirchen nunmehr Jenkins, a. a. O. (FN 14).

[42] Knappe Versuche einer zusammenfassenden Darstellung der Christentumsgeschichte im hier verstandenen Sinne haben Albert Mirgeler: *Kritischer Rückblick auf das abendländische Christentum* (Mainz 1961, Taschenbuch Freiburg i. Br. 1969) und Alois Dempf: *Religionssoziologie der Christenheit. Zur Typologie christlicher Gemeinschaftsbildungen* (München und Wien 1972) vorgelegt. Vgl. auch *Geschichte des Christentums*. Hrsg. v. John McManners. Frankfurt u. New York 1993 (engl. Oxford 1990); sowie aktuell: *Die Geschichte des Christentums:* Religion – Politik – Kultur, hrsg. v. Jean-Marie Mayeur u. a., 14 Bände, Sonderausgabe Freiburg i. Br. 2010.

[43] Vgl. Delumeau, Jean: *Angst im Abendland. Die Geschichte der kollektiven Ängste im Europa des 14. bis 18. Jahrhunderts*. 2 Bde. Reinbek bei Hamburg 1985 (franz. Paris 1978); ders.: *La culpabilisation en Occident (XIIIe–XVIIIe siècles)*. Paris 1983.

[44] Vgl. zusammenfassend: *Seminar: Religion und gesellschaftliche Entwicklung. Studien zur Protestantismus-Kapitalismus-These Max Webers*. Hrsg. v. Constans Seyfarth und Walter M. Sprondel. Frankfurt a.M. 1973.

[45] Vgl. zusammenfassend: *Zur Geschichte der Erklärung der Menschenrechte*. Hrsg. v. Roman Schnur. Darmstadt 1964.

[46] Ich beschränke mich also auf einen bei Max Weber und Talcott Parsons wenig akzentuierten Ausschnitt aus der Gesamtargumentation zum Zusammenhang von Christentum und der Entstehung der modernen Welt. Zur Ergänzung sei insbesondere hingewiesen auf Parsons, Talcott: Christianity. In: *International Encyclopedia of the Social Sciences*. Hrsg. v. David L. Sills. New York und London 1968, Bd. 2, S. 425–447.

[47] Soweit es die Geschichte der Freiheitsthematik betrifft, orientiere ich mich vor allem an W. Warnach und R. Spaemann: Freiheit. In: *Historisches Wörterbuch der Philosophie*, hrsg. v. J. Ritter und K. Gründer. Bd. 2, Basel 1972, Sp. 1064–1098.

[48] Vgl. hierzu Kaufmann, Franz-Xaver: Joseph Beuys -Homo religiosus. In: *Joseph Beuys – Skulpturen und Objekte*, hrsg. von Heiner Bastian. München 1988; wieder abgedruckt in Kaufmann, Franz-Xaver: *Religion und Modernität – Sozialwissenschaftliche Analysen*. Tübingen 1989, S. 172–195, hier S. 181 f.

[49] Vgl. insbesondere Weber, Max: Zwischenbetrachtung:. Theorie der Stufen und Richtungen religiöser Weltablehnung. In ders.: *Gesammelte Aufsätze zur Religionssoziologie*, Bd. I., 3. Aufl., Tübingen 1934, S. 536–573.

[50] Vgl. als begriffsgeschichtlichen Überblick Bleicken, Jochen u. a.: Freiheit. In: *Geschichtliche Grundbegriffe. Historisches Lexikon zur politisch-sozialen Sprache in Deutschland*, hrsg. von Otto Brunner, Werner Conze u Reinhart Koselleck. Band 2, Stuttgart 1979, S. 425–542.

[51] Ebda., S. 425.

[52] Vgl. Warnach u. Spaemann, a. a. O. (FN 47), Sp. 1064–1074.

[53] Ebda., Sp. 1080.

[54] Vgl. insbesondere Oeing-Hanhoff, Ludger: Trinitarische Ontologie und die Metaphysik der Person. In: ders.: *Metaphysik und Freiheit. Ausgewählte Abhandlungen*. Hrsg. v. Theo Kobusch u. Walter Jaeschke. München 1988, S. 133–165, sowie weitere Abhandlungen in diesem Band.

[55] Warnach u. Spaemann, a. a. O. (FN 47), Sp. 1082.

[56] Vgl. Kible, B. Th.: Person II. In: *Historisches Wörterbuch der Philosophie*, Bd. 7, Basel 1989, Sp. 283–300, hier Sp. 288f., 293f; sowie weiterführend Kobusch, Theo: *Die Entdeckung der Person. Metaphysik der Freiheit und modernes Menschenbild*. Freiburg i. Br. 1993.

[57] „Man muss sich die Tragweite und Bedeutung des Beginns dieser Lehre von der Person im 13. Jh. klarmachen. Hier wird zum ersten Mal der Mensch als Person, d. h. insofern ihm die Seinsweise des *esse morale* zukommt, mithin der Mensch als Wesen der Freiheit, das als solches Würde besitzt, für die Metaphysik thematisch. Die aristotelische Metaphysik ist in Wirklichkeit ja eine Dingontologie , denn ihre Prinzipien sind alle im Hinblick auf die Dinge der Natur gewonnen (Form und Materie, Sein und Wesen usw.)." Kobusch, a. a. O. (FN 56), S. 27.

[58] Pico della Mirandola, Giovanni: *Über die Würde des Menschen* (1486). Aus dem Neulateinischen übertragen von Herbert Werner Rüssel. 3. Aufl., Zürich 1992.

[59] „Das europäische freiheitliche Naturrecht als Gegenspieler der absolutistischen Lehren nahm von Spanien seinen Ausgang, wurde auf dem von ständischem Leben erfüllten Boden der Niederlande rezipiert und erfüllte in vielen Variationen, ob durch Althusius oder die englischen Theoretiker, die politische Ideenwelt Europas, auch Nordeuropas." Oestreich, Gerhard: Strukturprobleme des europäischen Absolutismus (1969). In: ders.: *Geist und Gestalt des frühmodernen Staates*. Ausgewählte Aufsätze. Berlin 1969, S. 179–197, hier S. 180.

[60] Hegel, Georg Wilhelm Friedrich: *Einleitung zur Geschichte der Philosophie, Sämtliche Werke*, hrsg. v. H. Glockner, Stuttgart 1927, Bd. 17, S. 79 f.

[61] Für eine ausführlichere Behandlung dieser Fragestellung vgl. Kaufmann, Franz-Xaver: Religion and Modernity in Europe. In: *Journal of Institutional and Theoretical Economics (Zeitschrift für die gesamte Staatswissenschaft)* 153 (1997), S. 80–96.

[62] Vgl. Eliade, Mircea: *Kosmos und Geschichte*. Reinbek 1966, S. 91 ff.

[63] Ware, Kallistos: Die östliche Christenheit. In: *Geschichte des Christentums*. Hrsg. v. John McManners. Frankfurt a.M./New York 1993, S. 133–173, Zitat S. 137.

[64] Momigliano, Arnaldo: Christentum und Niedergang des Römischen Reiches (1963). In: *Der Untergang des Römischen Reiches*. Hrsg. von Karl Christ. Darmstadt 1970, S. 404–424, Zitat S. 423.

[65] Die meisten Papstgeschichten beschreiben die Entwicklung des Problems von einem personenbezogenen Standpunkt aus und vor dem Hintergrund des heutigen, konfessionalisierten Bewusstseins. Eine Ausnahme bildet Schimmelpfennig, Bernhard: *Das Papsttum: von der Antike bis zur Renaissance*. 4. Aufl., Darmstadt 1996, der die institutionellen Entwicklungen sowie die ökonomischen und politischen Kontexte hervorhebt.

[66] Zur „archaischen Ganzheit" der frühmittelalterlichen Gesellschaftsordnung vgl. Bosl, Karl: *Die Grundlagen der modernen Gesellschaft im Mittelalter*. 2 Halbbde., Stuttgart 1972, S. 47 ff.

[67] Vgl. hierzu Mayer-Harting, Henry: Der Westen: Das Zeitalter der Bekehrung (700–1050). In: *Geschichte des Christentums*, a. a. O. (FN 63), S. 101–131, hier S. 110–120.

[68] Vgl. Rosenstock-Huessy, Eugen: *Die europäischen Revolutionen*. 4. Aufl., Moers 1987.

[68a] Eine detaillierte Analyse der daraus resultierenden geistigen Umorientierungen nunmehr bei Stein, Tine: *Himmlische Quellen und irdisches Recht*. Frankfurt a.M. 2007, S. 197 ff.

[69] Der Zusammenhang der theologischen und frömmigkeitsgeschichtlichen

Veränderungen einerseits und der sozio-ökonomischen und politischen Fortschritte nach der Jahrtausendwende andererseits ist noch ungenügend er-
forscht. Abzuklären wären insbesondere Zusammenhänge zwischen der Ver-
dinglichung der Eucharistie (Aufkommen der Hostienverehrung), der neuen
Gnadenlehre und dem neuen Kirchenverständnis. Es würde sich möglichwei-
se zeigen, dass das im römischen Katholizismus auch nach der Absage an die
‚opus operatum'-Lehre vorherrschende institutionelle Kirchenverständnis
eine ähnlich verdinglichende Transformation des frühen Kirchengedankens
darstellt wie die Substantialisierung der urspünglich als Erinnerungsmahl ge-
feierten Eucharistie. Zur wechselvollen Geschichte des Euchristieverständnis-
ses vgl. Hübner, Siegfried: Eucharistie in Theologie und Praxis der katholischen Kirche. In: *Anzeiger für die Seelsorge* 108 (1999) H. 11, S. 521–531.

[70] Böckenförde, Ernst-Wolfgang: Die Entstehung des Staates als Vorgang der
Säkularisation (1967). In: ders.: *Staat, Gesellschaft. Freiheit. Studien zur Staatstheorie und zum Verfassungsrecht.* Frankfurt a.M. 1976, S. 42–64.

[71] Vgl. insbesondere: Berman, Harold J.: *Recht und Revolution: Die Bildung
der westlichen Rechtstradition.* Frankfurt a.M. 1991; Nelson, Benjamin: *Der
Ursprung der Moderne. Vergleichende Studien zum Zivilisationsprozeß.* Frankfurt a.M. 1977.

[72] Vgl. Böckenförde, *Die Entstehung des Staates*, a. a. O. (FN 70), S. 84 ff.

[73] Vgl. hierzu Dempf, Alois: *Christliche Staatsphilosophie in Spanien.* Salz-
burg 1937; Hamilton, B.: *Political Thought in Sixteenth-Century Spain. A Stu-
dy of the Political Ideas of Vitoria, De Soto, Suárez and Molina.* Oxford 1963.

[74] Auch die hauptsächlich von den Jesuiten vertretene Morallehre des Pro-
babilismus richtete sich in erster Linie gegen staatliche Gesetze. Zu den unterschiedlichen Motiven des Antijesuitismus vgl. van Dülmen, Richard: *Religion
und Gesellschaft. Beiträge zu einer Religionsgeschichte der Neuzeit.* Frankfurt
a.M. 1989, S. 141–171.

[75] Vgl. Jellinek, Georg: Die Erklärung der Menschen- und Bürgerrechte. In:
Zur Geschichte der Erklärung der Menschenrechte, a. a. O. (FN 45), S. 3 ff.;
auch Roman Schnur (ebda. Vorwort, S. IX) teilt diese Ansicht.

[76] Vgl. Beyerhans, G.: *Studien zur Staatsanschauung Calvins mit besonderer
Berücksichtigung seines Souveränitätsbegriffs.* Berlin 1910, S. 114 ff.

[77] Vgl. Oestreich, Gerhard: Die Idee des religiösen Bundes und die Lehre vom
Staatsvertrag (1958), In: *Geist und Gestalt des frühmodernen Staates*, a. a. O.
(FN 59), S. 157–178.

[78] Vgl. Morgan, E.S.: *Inventing the People. The Rise of Popular Sovereignty in
England and America.* New York/London 1988, S. 295 ff.

[79] Vgl. Comte, Auguste: *Rede über den Geist des Positivismus.* Hamburg 1956,

Ziff. 6–12; dazu Jonas, Friedrich: *Geschichte der Soziologie in 2 Bänden*. Reinbek bei Hamburg 1976, Zitat Bd. I, S. 267.

[80] Weber, Max: Zwischenbetrachtung, a. a. O. (FN 49), S. 564, Hervorhebg. v. mir.

[81] Vgl. Tyrell, Hartmann: Potenz und Depotenzierung der Religion – Religion und Rationalisierung bei Max Weber. In: *Saeculum, Jahrbuch für Universalgeschichte* 44 (1993), S. 300–347.

[82] Nicht von ungefähr steht daher ein programmatischer Band religionsgeschichtlicher Forschung unter dem Titel: *Säkularisierung, Dechristianisierung, Rechristianisierung im neuzeitlichen Europa*. Bilanz und Perspektiven der Forschung. Hrsg. von Hartmut Lehmann. Göttingen 1997.

[83] Vgl. hierzu zuletzt die Beiträge von Thomas Brose über Hume, Arve Brunvoll über Feuerbach und Peter Ehlen über Marx in: *Religionsphilosophie – Europäische Denker zwischen philosophischer Theologie und Religionskritik*. Hrsg. von Thomas Brose. Würzburg 1998.

[84] Vgl. Blumenberg, Hans: *Die Legitimität der Neuzeit*. Frankfurt a.M. 1966, S. 9 ff.

[85] Vgl. hierzu Marramo, G.: Säkularisierung. In: *Historisches Wörterbuch der Philosophie*, a. a. O. (FN 47), Band 8, 1992, Sp. 1133–1161.

[86] Vgl. Lübbe, Hermann: *Religion nach der Aufklärung*. Graz 1986, S. 95f.

[87] Rendtorff, Trutz: *Christentum außerhalb der Kirche: Konkretionen der Aufklärung*. Hamburg 1969.

[88] Vgl. Gogarten, Friedrich: *Verhängnis und Hoffnung der Neuzeit. Die Säkularisierung als Problem*. 2. Aufl., Stuttgart 1958.

[89] So die These von Feil, Ernst: Zur Bestimmungs- und Abgrenzungsproblematik von ,Religion'. In: *Ethik und Sozialwissenshaften* 6 (1995), S. 441–455; vgl. auch die anschließende kritische Diskussion ebda. S. 455–514.

[90] Jäger, Alfred: Religion oder Glaube. Glaube oder gelebtes Leben. Ebda., S. 465.

[91] Vgl. Kaufmann, Franz-Xaver: *Kirche begreifen – Analysen und Thesen zur gesellschaftlichen Verfassung des Christentums*. Freiburg i. Br. 1979, S. 54–70.

[92] Weinrich, Michael: Gezähmte Geschichte. In *Ethik und Sozialwissenschaften* 6 (1995) S. 499.

[93] Vgl. Kaufmann, Franz-Xaver: *Religion und Modernität*. Tübingen 1989, S. 53 ff.

[94] Vgl. zuerst Luhmann, Niklas: *Grundrechte als Institution*. Berlin 1966.

[95] Vgl. Kaufmann, Franz-Xaver: *Zukunft der Familie im vereinigten Deutschland*. München 1995, S. 174 ff.

[96] Vgl. die Beiträge von Helmut Geller, Michael N. Ebertz und Karl Gabriel in: *Zur Soziologie des Katholizismus*. Hrsg. von Karl Gabriel und Franz-Xaver

Kaufmann, Mainz 1980; Altermatt, Urs: *Katholizismus und Moderne. Zur Sozial- und Mentalitätsgeschichte der Schweizer Katholiken im 19. und 20. Jahrhundert.* Zürich 1989.

[97] Vgl. Kaufmann, *Kirche begreifen,* a. a. O. (FN 91), S. 100 ff.

[98] Vgl. Luhmann, Niklas: *Die Funktion der Religion.* Frankfurt a.M. 1977, S. 225–271.

[99] Vgl. auch – mit zahlreichen Beispielen – Hahn, Alois: Religion, Säkularisierung und Kultur. In: *Säkularisierung, Dechristianisierung, Rechristianisierung im neuzeitlichen Europa,* a. a. O. (FN 82), S. 17–31.

[100] „Alle prägnanten Begriffe der modernen Staatslehre sind säkularisierte theologische Begriffe." Schmitt, Carl: *Politische Theologie.* Vier Kapitel zur Lehre von der Souveränität. 2. Aufl., Berlin 1934, S. 49.

[101] Löwith, Karl: *Weltgeschichte und Heilsgeschehen.* Die theologischen Voraussetzungen der Geschichtsphilosophie. 3. Aufl., Stuttgart 1957.

[102] Vgl. Zulehner u. Denz, *Wie Europa lebt und glaubt,* a. a. O. (FN 1); Jagodzinsky u. Dobbelaere, *Der Wandel kirchlicher Religiosität in Westeuropa,* a. a. O. (FN 8).

[103] Vgl. Taylor, John: Die Zukunft des Christentums. In: *Geschichte des Christentums,* a. a. O. (FN 63), Grafik S. 648.

[104] Für unterschiedliche Positionen zu diesem Verhältnis vgl. *Religiöse Individualisierung oder Säkularisierung.* Biographie und Gruppe als Bezugspunkte moderner Religiosität. Hrsg. v. Karl Gabriel. Gütersloh 1996.

[105] Vgl. Kaufmann, *Religion und Modernität,* a. a. O. (FN 93), S. 173 f.

[106] Vgl Habermas, Jürgen: *Der philosophische Diskurs der Moderne.* Frankfurt a.M. 1985.

[107] Vgl. Kaufmann, *Religion und Modernität,* a. a. O. (FN 93), S. 35 ff.

[108] Für die Diskussion um Moderne und Postmoderne vgl. insbesondere: Wellmer, Albrecht: *Zur Dalektik von Moderne und Postmoderne.* Frankfurt a.M. 1985; *Moderne oder Postmoderne?* Hrsg. von Peter Koslowski u. a. Weinheim 1986; Welsch, Wolfgang: *Unsere moderne Postmoderne.* 2. Aufl., Weinheim 1988. Für eine theologische Auseinandersetzung vgl. Kunstmann, Joachim: *Christentum in der Optionsgesellschaft.* Postmoderne Perspektiven. Weinheim 1997.

[109] Vgl. Richter, Emanuel: *Der Zerfall der Welteinheit.* Vernunft und Globalisierung in der Moderne. Frankfurt/New York 1992.

[110] Vgl. hierzu *Vatikanum II und Modernisierung.* Historische, theologische und soziologische Perspektiven. Hrsg. von Franz-Xaver Kaufmann und Arnold Zingerle. Paderborn 1996.

[111] Erklärung über die Religionsfreiheit *Dignitatis Humanae,* in: *Lexikon für Theologie und Kirche.* 2. Aufl. Sonderausgabe Freiburg i. Br. 1986, Bd. 13,

S. 703–748, hier Ziff.1, S. 713. Zum US-amerikanischen Einfluss auf die Entstehung der Erklärung vgl. Komonchak, Joseph A.: Das II. Vatikanum und die Auseinandersetzung zwischen Katholizismus und Liberalismus. In: *Vatikanum II und Modernisierung*, a. a. O. (FN 110), S. 147–169.

[111a] Zur Bedeutung dieser Kehrtwende vgl. Böckenförde, Ernst-Wolfgang: Das neue politische Engagement der Kirche. Zur ‚politischen Theologie‘ Johannes Pauls II. In: ders., *Kirche und christlicher Glaube in den Herausforderungen der Zeit.* 2. Aufl., Berlin 2007, S. 295–315.

[112] Eine anschauliche Darstellung der Veränderungen und ihrer kirchlichen Auswirkungen gibt Gabriel, Karl: *Christentum zwischen Tradition und Postmoderne.* 5. Aufl., Freiburg i. Br. 1996.

[113] Wilson Bryan: Die christliche Gemeinschaft. In: *Geschichte des Christentums*, a. a. O. (FN 63), S. 587–612, Zitat S. 590.

[114] In eine ähnliche Richtung weist eine Studie von Franz Höllinger, welche versucht, die erheblichen Unterschiede der aktuellen Kirchenbindung, wie sie im Rahmen der Europäischen Wertestudie und ähnlichen Erhebungen gemessen wurde, anhand ausgewählter Länder und Regionen zu erklären. Er stellt fest, dass die heutzutage wohl weitgehend freiwillige Kirchenbindung in denjenigen Regionen nach wie vor stark ist, welche zur Zeit ihrer Missionierung eine ‚Christianisierung von unten‘ erfahren haben; so beispielsweise der süddeutsche Raum, wo sich das Christentum sehr allmählich, aber nachhaltig ausgebreitet hat. Wo jedoch – wie bei den Sachsen und in den ostdeutschen Gebieten – das Christentum ‚von oben‘, im Zuge mehr oder weniger kriegerischer Eroberungen oder durch Überlagerung einer neuen Herrenschicht verbreitet wurde, hat es offenbar auch weniger tief Fuß gefasst. Vgl. Höllinger, *Volksreligion und Herrschaftskirche*, a. a. O. (FN 12), S. 249 ff.

[115] Man kann sich das auch am Problem der Zeitknappheit verdeutlichen: Unter traditionellen, in ihren Möglichkeiten eingeschränkten Bedingungen verläuft das Leben gemächlich; die Zeitknappheit entsteht erst, sobald Menschen mit einem Überschuss von für sie attraktiven Möglichkeiten konfrontiert werden. Vgl. Linder, Staffan B.: *Das Linder-Theorem – oder: Weshalb wir keine Zeit mehr haben.* Gütersloh-Wien 1971.

[116] Vgl. z. B. Seiwert, Lothar J.: *Wenn Du es eilig hast, gehe langsam.* Das neue Zeitmanagement in einer beschleunigten Welt. Kassetten-Seminar. Frankfurt/New York 1999.

[117] Krappmann, Lothar: *Soziologische Dimensionen der Identität.* 3. Aufl., Stuttgart 1973.

[118] Vgl. Joas, Hans: *Die Kreativität des Handelns.* Frankfurt a.M. 1992; ders.: *Die Entstehung der Werte.* Frankfurt a.M. 1997.

[119] Vgl. James, William: *Die Vielfalt religiöser Erfahrung.* Frankfurt a.M./Leip-

zig 1997 (engl. 1902). „James' Buch ist nicht nur der klassischer Text der frühen Religionspsychologie und ein kaum überholtes Exempel einer Phänomenologie der religiösen Erfahrung. Er eröffnet auch einen neuen Zugang zu einer, wenn sich dies sagen lässt, ‚postmetaphysischen Religiosität'." (Joas, *Die Entstehung der Werte*, a. a. O. S. 72 f.)

[120] James, William: Der Wille zum Glauben. In: ders.: *Essays über Glaube und Ethik*. Gütersloh 1948, S. 40–67, Zitat S. 61.

[121] James, *Die Vielfalt religiöser Erfahrung*, a. a. O., S. 63 f.

[122] Luckmann, Thomas: Privatisierung und Individualisierung. Zur Sozialform der Religion in spätindustriellen Gesellschaften. In: *Religiöse Individualisierung oder Säkularisierung*, a. a. O. (FN 104), S. 17–28, Zitat S. 19.

[123] James, *Die Vielfalt religiöser Erfahrung*, a. a. O. S. 104 f.

[124] Vgl. Frankl, Viktor E.: *Der Wille zum Sinn*. 2. Aufl., Bern 1977.

[125] Joas, *Die Entstehung der Werte*, a. a. O. (FN 118), S. 203.

[126] Ebda., S. 249.

[127] Diese Aussage lässt sich allerdings nur aufrechterhalten, wenn die von Thomas von Aquin schon für die Tugend behauptete Mittelstellung zwischen Extremen beachtet wird. Autonomie ist nicht nur von Heteronomie, sondern auch von rigider Prinzipientreue zu unterscheiden, die (nach ihrer psychoanalytischen Interpretation als ‚Überich-Abhängigkeit') heute meist nur noch unter der ideologiekritischen Bezeichnung ‚Fundamentalismus' abgehandelt wird.

[128] Vgl. Hahn, Alois: Biographie und Religion. In: *Kultur und Alltag*. Hrsg. v. Hans-Georg Soeffner u. Jo Reichertz. *Soziale Welt*, Sonderband 6, Göttingen 1988, S. 49–60.

[129] Widl, Maria: Religiosität. In: *Handbuch praktische Theologie*, hrsg. von Herbert Haslinger zusammen mit Christiane Bundschuh-Schramm, Mainz 2010.

[130] Vgl. Widl, Maria: *Sehnsuchtsreligion. Neue religiöse Kultformen als Herausforderung für die Praxis der Kirchen*. Frankfurt /M. 1994.

[131] Vgl. *Biographie und Religion: Zwischen Ritual und Selbstsuche*. Hrsg. v. Monika Wohlrab-Sahr. Frankfurt/New York 1995.

[132] Vgl. *Zukunftsfähigkeit der Theologie*. Hrsg. v. Karl Gabriel, Johannes Horstmann u. Norbert Mette. Paderborn 1999.

[133] Vgl. z. B. *Die Wirklichkeit der Medien*. Eine Einführung in die Kommunikationswissenschaft. Hrsg. v. Klaus Merten, Siegfried J. Schmidt u. Siegfried Weischenberg. Opladen 1994.

[134] Nachdem schon in den achtziger Jahren die Religionsthematik erneute Beachtung fand, hat in neuerer Zeit die Gottesthematik eine bemerkenswerte Renaissance erlebt. Vgl. z. B. das Sonderheft Nr. 605/606: Nach Gott fragen –

Über das Religiöse. der renommierten Kulturzeitschrift *Merkur – Deutsche Zeitschrift für europäisches Denken*. 53. Jg., Sept./Okt. 1999; ferner die Veröffentlichung des ‚2. Wiener Kulturkongresses': *Wenn Gott verloren geht. Die Zukunft des Glaubens in der säkularisierten Gesellschaft*. Hrsg. v. Theo Faulhaber u. Bernhard Stillfried. Freiburg i. Br. 1998.

[135] Vgl. Schlette, Heinz Robert: Was bedeutet „die Frage nach Gott" heute? In: *Orientierung*, 63. Jg., Zürich 1999, S. 50–53, 63–66; ebda. obiges Zitat aus Bernhard Welte: Versuch zur Frage nach Gott. In: *Die Frage nach Gott*. Hrsg. v. Josef Ratzinger. 2. Aufl., Freiburg – Basel – Wien 1973, S. 25.

[136] Typisch Strasser, Peter: *Journal der letzten Dinge*. Frankfurt a.M. 1998. Ein bemerkenswertes Beispiel philosophisch motivierter ‚Rückkehr' bietet Vattimo, Gianni: *Glauben – Philosophieren*. Stuttgart 1997.

[137] Vgl. z. B. Henrichs, Dieter, Johann Baptist Metz, Bernd J. Hilberath u. Zwi Zwerblowsky: *Die Gottrede von Juden und Christen unter den Herausforderungen der säkularen Welt*. Münster 1997; Splett, Jörg: Gotteserfahrung im Gesicht des Anderen? Argumentierend mit Emanuel Levinas. In: *Gott – Das bleibende Geheimnis*. Würzburg 1996, S.151–172; Reiter Josef: Die ethische Transformation der Metaphyik bei Emanuel Levinas. Ebda., S. 173–196.

[138] Dass dieser Eindruck voreilig ist, dass vielmehr die Glaubwürdigkeit der Kirchen sozusagen stets implizit vorausgesetzt wurde, zeigt die aktuelle Vertrauenskrise infolge des Öffentlich-Werdens von bisher vertuschtem sexuellem Missbrauch von Kindern und Jugendlichen durch kirchliche Vorgesetzte, siehe unten VI.3.1.

[139] Vgl. Kaufmann, Franz-Xaver, Walter Kerber u. Paul Michael Zulehner: *Ethos und Religion bei Führungskräften*. München 1986, S. 176 ff.

[140] Diese Frage wird auch von Jürgen Habermas ins Zentrum neuerer Erörterung gestellt. Vgl. Habermas, Jürgen: *Zwischen Naturalismus und Religion*. Frankfurt/Main 2005.

[141] Zum folgenden ausführlicher Kaufmann, Franz-Xaver: Globalisierung und Gesellschaft. In: *Aus Politik und Zeitgeschichte*, Beilage zur Wochenzeitung Das Parlament, B 18/98 vom 24. April 1998, S. 3–10.

[142] Rahner, Karl: *Strukturwandel der Kirche als Aufgabe und Chance*. Freiburg i. Br. 1972.

[143] Rahner, Karl: Frömmigkeit früher und heute. In: ders.: *Schriften zur Theologie*. Bd. 7, 2. Aufl., Einsiedeln u. Zürich 1971, S. 11–31, Zitat S. 22.

[144] Zur Interpretation des häufig, jedoch meist verkürzt zitierten Diktums von Karl Rahner vgl. Sudbrack, Josef: Der Christ von morgen – ein Mystiker? Karl Rahners Wort als Mahnung, Aufgabe und Prophezeiung. In: *Der Christ von morgen ein Mystiker? Grundformen mystischer Existenz*. Hrsg. v. Wolfgang Böhme u. Josef Sudbrack. Würzburg – Stuttgart 1989, S. 99–136; Splett,

Jörg: *Denken vor Gott.* Philosophie als Wahrheits-Liebe. Frankfurt 1996, S. 221–144. (Dank an Dr. Gotthard Fuchs für diese Hinweise!)

[145] Lehmann, Karl: Kirche der Sünder – Kirche der Heiligen. FAZ Nr. 77, 1. 4. 2010, S. 6.

[146] Kaufmann, Franz-Xaver: Moralische Lethargie in der Kirche. FAZ Nr. 96, 26. 4. 2010, S. 8. – Zur Erinnerung: Kardinal Sodano gilt als Protektor der finanziell potenten und in Rom zwischenzeitlich einflussreichen Kongregation der *Legionäre Christi.* Ihrem Begründer, Marcial Maciel Degollado, wurden schwere sexuelle Verfehlungen – unter anderem mit Jugendlichen – nachgewiesen; offenbar blieben solche Missbräuche auch nicht auf den Gründer beschränkt (vgl. Wikipedia: Legionäre Christi, Zugriff am 12. Oktober 2010). Die Tragweite der von Sodano unterstützten und anscheinend von Papst Johannes Paul II. gedeckten Vertuschungen hat Papst Benedikt XVI. veranlasst, den Seligsprechungsprozess für Johannes Paul II. vorläufig einzustellen und die Kongregation einer Sondervisitation zu unterziehen.

[147] Vgl. Koselleck, Reinhart: *Kritik und Krise. Eine Studie zur Pathogenese der bürgerlichen Welt.* Frankfurt a.M. 1973, S. 132 ff.

[148] Vgl. Art. Modernismus, in: *Lexikon für Theologie und Kirche*, 3. A. Sonderausgabe 2006 (im folgenden *LThK*), Bd. 7, Sp. 367–370.

[149] Die Heiligkeit der Kirche gehört seit dem nizänischen Glaubensbekenntnis (381) mit der Einheit, der Katholizität und der Apostolizität zu den Selbstbeschreibungen der christlichen Kirche. Vatikanum I identifizierte jedoch die römisch-katholische Kirche einschließlich ihrer hierarchischen Struktur mit diesen Eigenschaften. Vatikanum II hat diesen Zusammenhang abgeschwächt. Theologisch werden heute die genannten *notae ecclesiae* als Wesensbestimmungen der gottgewollten Kirche verstanden, wobei der Grad ihrer historischen Verwirklichung in der römisch-katholischen Kirche offen bleibt. Vgl. Döring, Heinrich: Notae ecclesiae, in: *LThK* 7, Sp. 918–921.

[149a] Einen Überblick über den Gesamtkonflikt gibt Eilers, Rolf: *Zehn Jahre donum vitae – Ringen um den Lebensschutz*, 2. Aufl., Bonn 2010. Das Zitat Hans Maiers ebda., S. 31.

[150] Vgl. zuletzt Ebertz, Michael N.: Wie kommunizieren die Katholiken? In: *Herder-Korrespondenz* 64. Jg., H. 7, Juli 2010, S. 344–348.

[151] Thielmann, Wolfgang: Allein der Glaube? In. *Rheinischer Merkur* Nr. 31, 5. August 2010, S. 1.

[152] Greshake, Gisbert: Was hat es gebracht? Ein kritischer Rückblick zum Priesterjahr, in: *Herder-Korrespondenz* 64. Jg., H. 7, Juli 2010, S. 375–377.

[153] Zitiert nach Reese, Thomas: *Im Inneren des Vatikan* – Politik und Organisation der katholischen Kirche. Frankfurt a.M. 1998 (engl. 1996), S. 166.

[154] An der Theologenausbildung lässt sich bereits heute erkennen, wie schwer es fällt, genügend qualifizierte Priester für die Lehrtätigkeit freizustellen.

[155] Gabriel, Karl: Gemeinden im Spannungsfeld von Delokalisierung und Relokalisierung. Erscheint in: *Evangelische Theologie* 70 (2010), Heft 6, S. 427–438, Zitat Ms. S. 7. Vgl. hierzu demnächst auch: W. Damberg/S. Hellemans (Hrsg.), *Die Reorganisation der europäischen Kirchen. Der Aufstieg der intermediären Instanzen seit 1945/1960*, Ms., Bochum 2010 (im Erscheinen).

[156] Kürzlich ging die Meldung durch die Medien, dass in Nigeria sich tausende junger Menschen zum Priesterberuf drängten, und ähnliches war in Polen zur Zeit der kommunistischen Unterdrückung zu beobachten. Der Soziologe vermutet, dass der Zustrom in Polen bzw. Nigeria vor allem infolge der Polarisierung zwischen Christen und Kommunisten bzw. Muslimen in diesen Ländern entstand. Konflikt zwischen Gruppen steigert deren Binnensolidarität.

[157] Dogmatische Konstitution über die Kirche „Lumen Gentium" des II. Vatikanischen Konzils, Art. 22.

[158] Einen knappen Überblick über Geschichte und Struktur der römischen Kurie gibt May, Georg: Römische Kurie, in: *LThK* 8, 1287–1290. Die beste Studie stammt von Reese, a. a. O. (FN 153).

[159] Ein etwas reißerisch präsentierter Insider-Bericht dürfte in dieser Hinsicht fundiert sein: I Millenari: *Via col vento in Vaticano*, Rom 1999. Ähnliches hat schon aufgrund von Insiderinformationen berichtet: Peyrefitte, Roger: Die Schlüssel von St. Peter. Karlsruhe 1956 (Neuauflage München 1983).

[160] Reese (a. a. O., FN 153, S. 222 ff.) charakterisiert die kulturelle Prägung der Kurie durch eine spezifische „Romanità": Das Gefühl, im Zentrum der Welt zu stehen, „während der Rest der Welt Peripherie ist"; „Effizienz ist kein Thema in dieser Stadt. Die *bella figura*, wie man die Dinge tut, ist viel wichtiger als das, was man erreicht". „Es gibt nichts, was eilig wäre ... doch dann gibt es plötzlich wieder Zeiten, wo alles eilt. Es entstehen unglaublich viele Widersprüche wegen dieser Haltung ...". „Italiener wachsen mit der Aufgabe ... (sie) haben ein geniales Gefühl für Improvisation. Sie können die Dinge rasend schnell organisieren und zerbrechen sich dabei nicht allzu sehr den Kopf über Details." „Sobald sie wissen, dass Du ihnen vertraust und zum Clan gehörst, tun sie alles, was du willst." Diese mitmenschliche Orientierung hat über die Romanità hinaus auch theologische Motive.

[161] Es kommt somit sehr auf die Fähigkeiten dieser beiden Personen und ihr gegenseitiges Verhältnis an. Reese berichtet wie der einflussreiche Privatsekretär von Johannes Paul II., Monsignore Dziwisz, den amerikanischen Substituten, Erzbischof Cassidy ausbootete: Dieser habe „die Dinge einfach klipp und

klar gesagt' berichtet ein Amerikaner, der es mit einer ganzen Reihe von Substituten zu tun gehabt hatte. Das gefiel nun wieder Dziwisz nicht, denn der Papst begann sich schon Sorgen wegen so vieler Probleme zu machen. Wie die meisten Angelsachsen pflegte auch Cassidy einfach zu sagen: ‚Heiliger Vater, das ist die Lage in diesem Land, das sind Ihre Optionen. Was soll ich machen? Welche Entscheidung wollen Sie?' Das war einfach inakzeptabel, und deshalb schoben sie ihn nach dreizehn Monaten ab. Er hatte den Papst mit der Realität beunruhigt. Sie wollten jemanden, der ihn mit Problemen verschonte." (Reese a. a. O. (FN 153), S. 257 f.)

[162] Die Kollegialorgane der Dikasterien, denen auch auswärtige Bischöfe und in einigen Fällen Laien angehören, tagen als Plenum nur selten. Reese, ebenda. S. 170 f.

[163] Vgl. Foitzik, Alexander: Kirchliche Kommunikationsprobleme, und Hünermann, Peter: Excommunicatio – Communicatio. Versuch einer Schichtenanalyse der aktuellen Krise, beide in: *Herder Korrespondenz* 63. Jg. H. 3, März 2009, S. 109–111, bzw. 119–125.

[164] Reese, a. a. O. (FN 153), S. 152 f.

[164a] Diese Lehre hat ihren Ursprung im *dictatus papae* Gregors VII., welcher zum Investitionsstreit führte (vgl. III. 3.2). Gregor VII. legitimierte als erster Papst auch die Gewalt als Mittel der Erzwingung kirchlichen Gehorsams – unter Berufung auf das Alte, nicht das Neue Testament! Vgl. Althoff, Gerd: Selig sind die, die Verfolgung ausüben. FAZ Nr. 286, 8. Dezember 2010, S. N 4. – Siehe auch Angenendt, Arnold: *Toleranz und Gewalt. Das Christentum zwischen Bibel und Schwert.* 5. Aufl. Münster 2009.

[165] Vgl. Pottmeyer, Hermann Josef: *Unfehlbarkeit und Souveränität.* Die päpstliche Unfehlbarkeit im System der ultramontanen Ekklesiologie des 19. Jahrhunderts. Mainz 1975.

[165a] Ein verhängnisvolles Beispiel sind die Kontrolldefizite in der Finanzwirtschaft des Heiligen Stuhles. Vgl. Rotte, Ralph: Undurchsichtige Geschäfte – Die Finanzen des Heiligen Stuhles und das Dauerproblem IOR. In *Herder-Korrespondenz* 64. Jg. H. 12, Dezember 2010, S. 605–609.

[166] Es hat den Anschein, als ob einige problematische Bischofsernennungen (so des Erzbischofs Groer in Wien oder des Bischofs Haas in Chur) auf persönliche Entscheidungen von Johannes Paul II. zurückzuführen waren.

[167] Vgl. Kaufmann, Franz-Xaver: Römischer Zentralismus: Entstehung – Erfolg – Gefahren. In *Orientierung* (Zürich), 66. Jg. (2002), Nr. 10, S. 112–116, Nr. 11, S. 125–127.

[168] Vgl. hierzu Müller, Hubert und Pottmeyer, Hermann J. (Hrsg.): *Die Bischofskonferenz – Theologischer und juridischer Status.* Düsseldorf 1989.

[169] Krämer, Peter: Kirchenrecht I.: Katholisches Kirchenrecht, in: *Staatslexikon: Recht – Wirtschaft – Gesellschaft.* 7. Aufl., Bd. 3, Sp. 435–440. hier Sp. 438.

[170] Vgl. für die weitgehend verschwundenen Kirchen des syrischen Raumes nunmehr Jenkins, a. a. O. (FN 14).

[171] Reese, a. a. O. (FN 153), S. 234.

[172] Lumen gentium, Nr. 9.

[173] Ebenda.

[174] Vgl. Lutterbach, Hubertus: Hohe Wertschätzung: Kinder und ihr Schutz in der Geschichte des Christentums, in: *Herder-Korrespondenz* 64. Jg., H. 6, Juni 2010, S. 290–294.

[175] Die Regulierung der Kinderarbeit im 19. Jahrhundert erfolgte weniger aus moralischen denn aus gesundheits- und wehrpolitischen Gründen.

[176] Ein informativer Überblick über Tatsachen, Verbreitung, kirchlichen Umgang mit und öffentliche Diskussion von sexuellem Kindesmissbrauch findet sich unter *www.wikipedia*.com *(english)*: Catholic-sex-abuse-cases. Soweit nichts anderes vermerkt, sind einschlägige Sachinformationen dieser Quelle entnommen.- Zur theologischen und humanwissenschaftlichen Diskussion der Problematik vgl. Goertz, Stephan/Ulonska, Herbert (Hrsg.): *Sexuelle Gewalt: Fragen an Kirche und Theologie.* Münster 2010.

[177] Die Schätzungen bewegen sich zwischen 1,5 und 5 % der in Betracht gezogenen Kleriker. Für die Erzdiözese München liegen dank der Initiative von Kardinal Marx nun ebenfalls belastbare Zahlen vor: Zwischen 1945 und 2009 sind mindestens 159 Priester wegen sexueller Übergriffe auffällig geworden, bei einer „beträchtlichen Dunkelziffer", bedingt durch „unzureichende Aktenlage". Vgl. ‚Missbrauch wurde vertuscht', FAZ Nr. 283, 4. Dezember 2010, S. 5.

[178] Vgl. Kirche: Neue Leitlinien gegen sexuellen Missbrauch, in: *Herder-Korrespondenz* 64. Jg., H. 10, Oktober 2010, S. 493–495. Wie diese Leitlinien mit der Richtlinie der Glaubenskongregation übereinstimmen sollen, welche den Missbrauch von Klerikern unter das „päpstliche Geheimnis", die höchste Geheimhaltungsstufe, stellt, ist mir schleierhaft. M. W. wurde diese Richtlinie nicht aufgehoben.

[179] Vgl. hierzu Mertes, Klaus: Sühne muss wehtun, in: *Rheinischer Merkur*, 2. 9. 2010.

[180] Im Falle von Laien, die als Mitarbeiter katholischer Einrichtungen sexuell auffällig werden, wird dagegen das Dienstverhältnis in der Regel beendet.

[181] Und dies, obwohl bereits 1962 ein Schreiben des Hl. Officiums an den Weltepiskopat eine Meldepflicht aller Katholiken von Fällen sexueller Verfehlungen von Klerikern mit Minderjährigen unter Androhung der Exkommuni-

kation anordnete. Eine ausdrückliche Zuständigkeit der Glaubenskongregation (als Nachfolgerin des Hl. Officiums) für Disziplinarmaßnahmen gegen Kleriker wurde erst 2001 eingeführt. Diese verschärfte die Meldepflichten, versah sie aber gleichzeitig mit der strengsten Verschwiegenheitspflicht, dem sog. ‚päpstlichen Geheimnis‘. Das war ein deutliches Zeichen für den Willen, die Verfehlungen im Geheimen und ohne Beteiligung des Staates zu regeln.

[182] Vgl. Friedrich, Otto: Missbrauchskrise als Katalysator. Aktuelle Entwicklungen in der katholischen Kirche Österreichs, in: *Herder-Korrespondenz* 65 Jg., H.9, September 2010, S. 443–447, Zitat S. 446.

[183] Vgl. Böckenförde, Ernst-Wolfgang: Das unselige Handeln nach Kirchenraison. *Süddeutsche Zeitung*, 28. 4. 2010: „Hauptsache, die Heiligkeit der Institution gerät nicht in Gefahr – diese Maxime ist der wahre Skandal und der Grund für die Krise“.

[184] Deckers, Daniel: Krise einer moralischen Instanz. *Frankfurter Allgemeine Zeitung* 17. 7. 2010, S. 1.

[185] Eine differenzierende Einschätzung gibt Ulonska, Herbert: Sexualisierte Gewalt im Kontext kritischer Priester- und Pfarrerforschung, in: Goertz/Ulonska (Hrsg.): Sexuelle Gewalt a. a. O. (FN 176), S. 67–81.

[186] Goertz, Stephan/Ulonska, Herbert: Vorwort zu *Sexuelle Gewalt*, a. a. O. (FN 176), S. 7.

[187] Vgl. insbesondere Lill, Rudolf: *Die Macht der Päpste*. Kevelaer 2006.

[187a] Vgl. Wolf, Hubert: ‚Wahr ist, was gelehrt wird‘ statt ‚Gelehrt wird, was wahr ist‘? Zur ‚Erfindung‘ des ‚ordentlichen‘ Lehramts, in: Thomas Schmeller, Martin Ebner und Rudolf Hoppe (Hrsg.): *Neutestamentliche Ämtermodelle im Kontext*. Freiburg i. Br. 2010, S. 236–259).

[188] Auch der Verzicht von Benedikt dem XVI. auf das päpstliche Attribut „Patriarch des Abendlandes“ weist in die Richtung einer weiteren Hierarchisierung; jede Erinnerung an eine Gleichheit Roms mit den anderen Zentren der Christenheit soll ausgelöscht werden. – Pikanterweise mehren sich die Zweifel, ob Petrus überhaupt je in Rom gewesen ist (vgl. Zwierlein, Otto: *Petrus in Rom: die literarischen Zeugnisse*. Berlin/New York 2009). Viele der Traditionen, welche den römischen Primat stützen sollen, etwa die sog. Konstantinische Schenkung oder die Pseudo-Isidorischen Dekretalien, sind inzwischen von der historischen Forschung als Fälschung oder Verfälschung aufgewiesen worden.

[189] Vgl. auch die kritische Würdigung des Pontifikats Johannes Paul II. durch Rudolf Lill, a. a. O. (FN 187), S. 209 ff.

[190] Zu einer bemerkenswerten Analyse des nachkonziliaren Zentralismus der römischen Kurie vgl. Kasper, Walter: Zur Theologie und Praxis des bischöflichen Amtes, in: *Auf neue Art Kirche sein*: Wirklichkeiten – Herausfor-

derungen – Wandlungen. Festschrift für Bischof Dr. Josef Homeyer. Hrsg. v. Werner Schreer u. Georg Steins. München 1999, S. 32–48. Kasper erwartet angesichts innerkirchlicher wie ökumenischer Schwierigkeiten der gegenwärtigen päpstlichen Praxis eine „neue geschichtliche Gestalt des Petrusamtes" (S. 43), die sich stärker an den Grundsätzen des ersten Jahrtausends orientiert. Dies liegt auch in der Konsequenz der hier vorgelegten Überlegungen.

[191] Pastoralkonstitution *Lumen Gentium*, Nr. 36.

[192] Ein deutliches Signal für den kurialen Widerstand stellte bereits die *nota praevia explicativa* dar, die die „höhere Autorität" der Vorlage des III. Kapitels der Kirchenkonstitution *Lumen Gentium* beifügte. Mit ihr wird eine scharfe Unterscheidung zwischen der weiterhin unbeschränkten Autonomie des Papstes und den durch sie beschränkten Möglichkeiten des Bischofskollegiums getroffen.

[192a] Zur Forderung ‚Kirche muss sich zu einer lernenden Organisation entwickeln' konkret: Ebertz, Michael: *Quo vadis Kirche? Wie kann die katholische Kirche wieder glaubwürdig werden?* Hrsg. Bischöfliches Generalvikariat Hildesheim, Hauptabteilung Bildung. Hildesheim 2010.

[192b] Vgl. Wolf, a. a. O. (FN 187a), S. 245 ff. Wenn auch die Aussagen des ordentlichen Lehramts für Theologen verbindlich sind, beispielsweise hinsichtlich des Zölibats oder der Frauenordination, wie dies die bereits erwähnte *professio fidei* vorsieht, so ergibt sich eine weitere Sperre für innerkirchliche Kritik und für neue Gedanken in der Kirche. Da Aussagen des ordentlichen Lehramtes häufig in Reaktion auf Zeitumstände erfolgen, dürfte es auch immer schwieriger werden, Widersprüche zwischen ihnen zu vermeiden. Das Selbstverständnis der kirchlichen Hierarchie wird damit immer zirkulärer und immunisiert sich gegen jede Kritik.

[193] Vgl. Görres, Albert: *Kennt die Religion den Menschen? Erfahrungen zwischen Psychologie und Glauben.* München 1983. Ders.: Pathologie des katholischen Christentums, in: *Handbuch der Pastoraltheologie* Bd. II/1, hrsg. v. Franz-Xaver Arnold und Karl Rahner. Freiburg i. Br. 1970, S. 276–343.

[194] Die Erklärung findet sich unter http://imprimaturtrier.de/2010/imp. 100312.html (abgerufen am 11. Oktober 2010).

[195] Vgl. Jenkins, Das goldene Zeitalter, a. a. O. (FN 14), S. 285 ff.

[195a] Eine vorzügliche Situationsdiagnose enthält die „Initiative zu einem Zukunftsgespräch der Katholiken in Deutschland" des Bundes Neudeutschland, die leider zu keinem Ergebnis geführt hat. Der Text findet sich in: *Hirschberg*, 61. Jg., Nr. 5 (Mai 2008), S. 298–301.

[196] Leider wird der kürzlich erschienene Band von Püttmann, Andreas: *Gesellschaft ohne Gott. Risiken und Nebenwirkungen der Entchristlichung Deutsch-*

lands (Asslar 2010) seinem Titel nicht gerecht. Es handelt sich um einen journalistisch geschriebenen Muntermacher für erschrockene Christen.

[197] Vgl. Autiero, Antonio/Goertz, Stephan/Striet, Magnus (Hrsg.): *Endliche Autonomie. Interdisziplinäre Perspektiven auf ein theologisch-ethisches Programm.* Münster 2004. Für den hier einschlägigen Bereich der Sexualmoral vgl. auch Goertz, Stephan: Sexuelle Gewalt als individuelle Sünde gegen das sechste Gebot? In Goertz/Ulonska (Hrsg.), Sexuelle Gewalt, a. a. O. (FN 176), S. 127–146.

[198] Wir können daher auch für die christliche Vergangenheit den zur Charakterisierung gegenwärtiger religiöser Verhältnisse häufig bemühten Begriff des *Synkretismus* anwenden. Wenn beispielsweise heute die Umweltproblematik als kirchliches Thema entdeckt wird, ist dies ein ebenso synkretistisches Phänomen wie früher die lokalen Formen der Heiligenverehrung. Die Kirchen neigen dazu, nur dort Synkretismen zu sehen, wo diese mit ihrer jeweiligen Orthodoxie nicht übereinstimmen. Vgl. z. B. Sachau, Rüdiger: Individueller Synkretismus als Lebensform moderner Religiosität. Westliche Reinkarnationsvorstellungen im Kontext neuzeitlichen Christentums. in: *Religion in der Lebenswelt der Moderne.* Hrsg. v. Kristian Fechtner u. Michael Haspel. Stuttgart 1998, S. 67–87.

[199] Zum Zusammenhang von Säkularität und Spiritualität eindringlich: Taylor, Charles: *Ein säkulares Zeitalter.* Frankfurt a.M. 2009, besonders S. 856 ff.

[200] Hierzu differenzierter: Gabriel, Karl: Tradition im Kontext enttraditionalisierter Gesellschaft, in: *Wie geschieht Tradition?* Überlieferung im Lebensprozess der Kirche. Hrsg. v. Dietrich Wiederkehr, Freiburg i. Br. 1991, S. 69–88. Gabriel postuliert, „dass die Weitergabe von Traditionen heute mehr noch als früher auf Institutionen angewiesen ist, andererseits aber das Gelingen von Tradierungsprozessen ein hohes Maß an institutioneller Offenheit, Sensibilität für individuelle Autonomiebestrebungen und Reflexivität voraussetzt." (S. 83) Das ist – bezogen auf Großkirchen – nahezu die Quadratur des Kreises!

[201] Unterschiedliche Diagnosen dementsprechender kollektiver Bewusstseinszustände finden sich für den deutschen Sprachraum etwa bei Beck, Ulrich: *Risikogesellschaft – auf dem Weg in eine andere Moderne.* Frankfurt a.M. 1986; Schulze, Gerhard: *Die Erlebnisgesellschaft.* Kultursoziologie der Gegenwart. Frankfurt/New York 1992; Gross, Peter: *Die Multioptionsgesellschaft.* Frankfurt a.M. 1994.

[202] Vgl. Fuchs, Gotthard: Lob für Sokrates. Für eine christliche Aporetik, in: *Sich einmischen: engagiert für Gemeinde, Erwachsenenbildung, Gesellschaft.* Festgabe für Ernst Leuninger. Hrsg. v. Hans Heinrich Lechler u. Alfred Schuchart. Frankfurt 1993, S. 108–125, Zitat S. 109.